我的履历书

宫内义彦自传

[日] 宫内义彦 著

蒋丰 译

Yoshihiko Miyauchi

人民东方出版传媒
People's Oriental Publishing & Media
东方出版社
The Oriental Press

作者简介

[日] 宫内义彦

欧力士集团董事长

1935年出生于日本神户市,1958年关西学院大学商学系毕业。大学毕业后前往华盛顿大学深造,1960年取得MBA学位后进入日绵实业株式会社(现在的双日株式会社)工作。1964年作为创业成员之一,加入Orient Leasing Co. Ltd.(欧力士集团的前身),1970年就任公司董事,1980年就任代表董事社长兼集团CEO,2000年就任集团董事长、集团CEO,2003年就任董事兼代表执行董事长、集团CEO,2014年任集团董事长。另兼任株式会社Dream Incubator和株式会社ACCESS等企业的董事,新日本爱乐交响乐团理事长等职。宫内先生常年助推日本政府进行体制改革,曾历任数届日本政府综合体制改革会议议长等要职,是日本颇具影响力的人物之一。著有《租赁的知识》《经营论》《世界在变动》等。

写在前面的话

《我的履历书》是日本最大财经报纸《日本经济新闻》的知名连载专栏，于1956年开设，邀请日本各界及全球的精英亲笔撰写人生经历，每月一人。执笔者中有松下幸之助、本田宗一郎、稻盛和夫，也有英特尔、GE、IBM等企业的经营者。它曾被《读卖新闻》誉为"时代的见证人"。

其中部分《我的履历书》已被编成图书在日本出版，我们从中精选具有代表性的经营者的自传介绍给中国读者。这些经营者都曾面临生存或发展的困境，然而他们都能秉持正念，心怀为人类社会奉献的大义，以顺势而为和热爱思考的态度成就美好人生……

更重要的是，他们深受东方哲学和中国传统文化的影响，一生都在追求正确的为人之道，追求做人应有的姿态，坚持利他的美好心灵，坚持正确的活法和思维方式。这些追求和坚守与中国读者有着文化上的共鸣和"山川异域,风月同天"的内在联系。

实际上,不管时代如何变化,技术如何发达,古今中外的真理都是相通的,追求"作为人,何谓正确"更是一个历久弥新的人生课题。诚如稻盛和夫在其自传中所说:"决定人生的并非好运或厄运,而是我们心灵的状态……对于那些正在认真思考自己人生的人,或者正在认真学习工作和经营精髓的人,我的经验或许可以提供参考。"如果读者能够通过阅读这套自传丛书获得一些启示,借鉴一些经验,我们的出版目的也就实现了。

东方出版社编辑部

目　录

前　言 …………………………………… 1

第一章　我的履历书
与欧力士风雨同舟 50 年

身为经营者

　　励精图治，勇往直前 ………………… 003

我的童年

　　父亲对我的出生期盼已久 …………… 007

战败体验

　　开始质疑权威主义 …………………… 011

关西学院大学附属中学

　　鬼使神差地加入了合唱团 …………… 015

大学时代

　　疗养肺结核，发奋图强 ……………… 018

留学美国

　　难度远远超出了想象 ………………… 021

学成归国
　　顺利取得 MBA 学位 …………………… 025
功到自然成
　　对公司一肚子不满 …………………… 029
赴美出差
　　从租赁业的基础学习 …………………… 032
启航
　　从 13 个人开始的新公司 …………………… 035
成长
　　不靠老东家自主开拓 …………………… 038
独立
　　只筹备了一年就成功上市 …………………… 041
石油危机
　　为筹集资金各地奔走 …………………… 045
乾恒雄先生
　　确立了公司发展路线 …………………… 048
45 岁就任社长
　　任重道远，诚惶诚恐 …………………… 052
船舶危机
　　回收所有船只，成立船运公司 …………………… 055
做董事的心得
　　多考虑投资家的利益 …………………… 058

扩大聘用名额
　　最早开始重用女性员工 ·············· 061
收购球队
　　在仰木教练的带领下勇夺二连霸 ·············· 064
泡沫经济崩溃
　　谨慎行事保住命脉 ·············· 068
纽约上市
　　展现日企的活力 ·············· 071
雷曼危机
　　正值新老社长接替 ·············· 074
经济同友会
　　为当局建言献策 ·············· 077
体制改革
　　遭到老官僚们的强烈反对 ·············· 080
改革之路
　　举步维艰 ·············· 084
反对势力
　　诡计层出不穷 ·············· 087
村上基金事件 ·············· 090
简保旅馆风波 ·············· 093
未来是属于你们的 ·············· 096
连载终章之际 ·············· 099

第二章 我的博客
从企业经营到社会现象再到国家未来

经营之论①
　　说说日本的创业者 …………………… 105

经营之论②
　　招聘考试与就职仪式 …………………… 109

经营之论③
　　加拉帕戈斯化的日本治理方式与企业业绩 …… 113

经营之论④
　　企业兴衰与淘汰规则 …………………… 117

经营之论⑤
　　棒球教练vs企业老总 …………………… 122

经营之论⑥
　　观光是最具未来性的一大产业 …………… 126

经营之论⑦
　　寄语新任社长们 ………………………… 132

社会之论①
　　能否应对环保问题 ……………………… 136

社会之论②
　　如何应对人口减少 ……………………… 140

社会之论③
　　东京一极化发展的风险 ……………………… 145
社会之论④
　　企业自由与政府干预 ……………………… 150
社会之论⑤
　　日本社会的特征 …………………………… 154
社会之论⑥
　　为谁而振兴农业 …………………………… 159
社会之论⑦
　　关于核电问题的思考 ……………………… 163
社会之论⑧
　　印度对于日本很重要 ……………………… 168
社会之论⑨
　　深度探讨移民问题 ………………………… 173
未来之论①
　　谈谈日本的暑假 …………………………… 179
未来之论②
　　过个有品质的假期 ………………………… 184
未来之论③
　　宫内式读书法 ……………………………… 188
未来之论④
　　英语的世界 ………………………………… 192

未来之论⑤
  寄语大学改革 ………………………… 197
未来之论⑥
  年轻人应该关心政治 …………………… 203
未来之论⑦
  老当自立，少应自强 …………………… 208
未来之论⑧
  寄语走上社会的年轻人 ………………… 213
未来之论⑨
  展望半世纪后的日本 …………………… 217
未来之论⑩
  期待体制改革 …………………………… 221
未来之论⑪
  一个更为乐观的国家 …………………… 226
未来之论⑫
  21世纪的国家建设 ……………………… 230

后 记 ……………………………………… 235
宫内义彦年谱 …………………………… 238

前　言

非常高兴，中国著名的东方出版社能够出版此书的中文简体版。流年似水。对于流逝的时光，能做到的只是深情地追忆，而无法将其抓住。若能每每回首，感悟到逝去的时光是为今日做了坚实的铺垫，心中就会倍感欣慰。时光真是一个无情物啊！

应《日本经济新闻》的邀请，撰写"我的履历书"，实际上是给了自己一个追忆往昔的契机。在这之前，似乎还从未有过驻足回首的时刻，反而是总在时不我待的岁月中，过着"追逐明天"式的生活。这样的生活方式，时至今日也未有改变。或许，正是这种"追逐明天"式的生活让我感到幸福，同时也成了我人生的倚仗。

能成为该集团的一员并工作长达50年之久，真是最初连做梦都没有想到的。面对堆积如山的工作，我始终抱着时不我待、凡事竭尽全力的态度。日复一日，一个工作任务接一个工作任务，就这样不知不觉地走到了今天。

2014年4月，欧力士集团迎来创立50周年。同年6月，做了该集团33年CEO兼董事的我正式卸任。立足于人生的关口，能以执笔此书的形式追忆过往人生，重温集团成长足迹，我欣喜至极，无上光荣。

此书共分两章。第一章收录了自2013年9月1日起，在《日本经济新闻》朝刊上连载了30天的"我的履历书"，共计29篇。相当于我个人的人生年谱了。第二章是2012年10月开始，写在《日本经济新闻》电子版"经营者博客"栏目里的内容。我对其又进行了梳理，可以说是我个人思想的一部分。既为博客，则多记述个人的主观想法，因此也存在不少思虑不足的浅显之处。不过能在博友们的意见和建议下进行修正，或许正是写博客的目的和意义所在吧。为此，我在梳理时进行了最小限度的润色和修正。

欧力士集团是最早进入中国的日本企业之一，早在改革开放之初的1981年，就与当时的中信公司等合资成立了中国第一家融资租赁公司"中国东方租赁有限公司"。我也希望中国读者通过此书，能够更多地了解欧力士集团，知晓稳健的中日经贸关系，对两国政治关系的重要性。如果此书能够达到这样的目的，我将荣幸之至。最后，我要感谢东方出版社时任总编辑许剑秋先生，他曾经专程到日本东京与我商谈此书的出版。这本书的中文版能够在短时间内问世，与他和他的同事们的努力是分不开的。我还要感谢此书的译者蒋丰先生。他在编辑、采访、讲学的百忙之中进行翻译，让我感受到一位传媒人为促进中日两国交流的心愿和努力。

宫内义彦

第一章 我的履历书

与欧力士风雨同舟50年

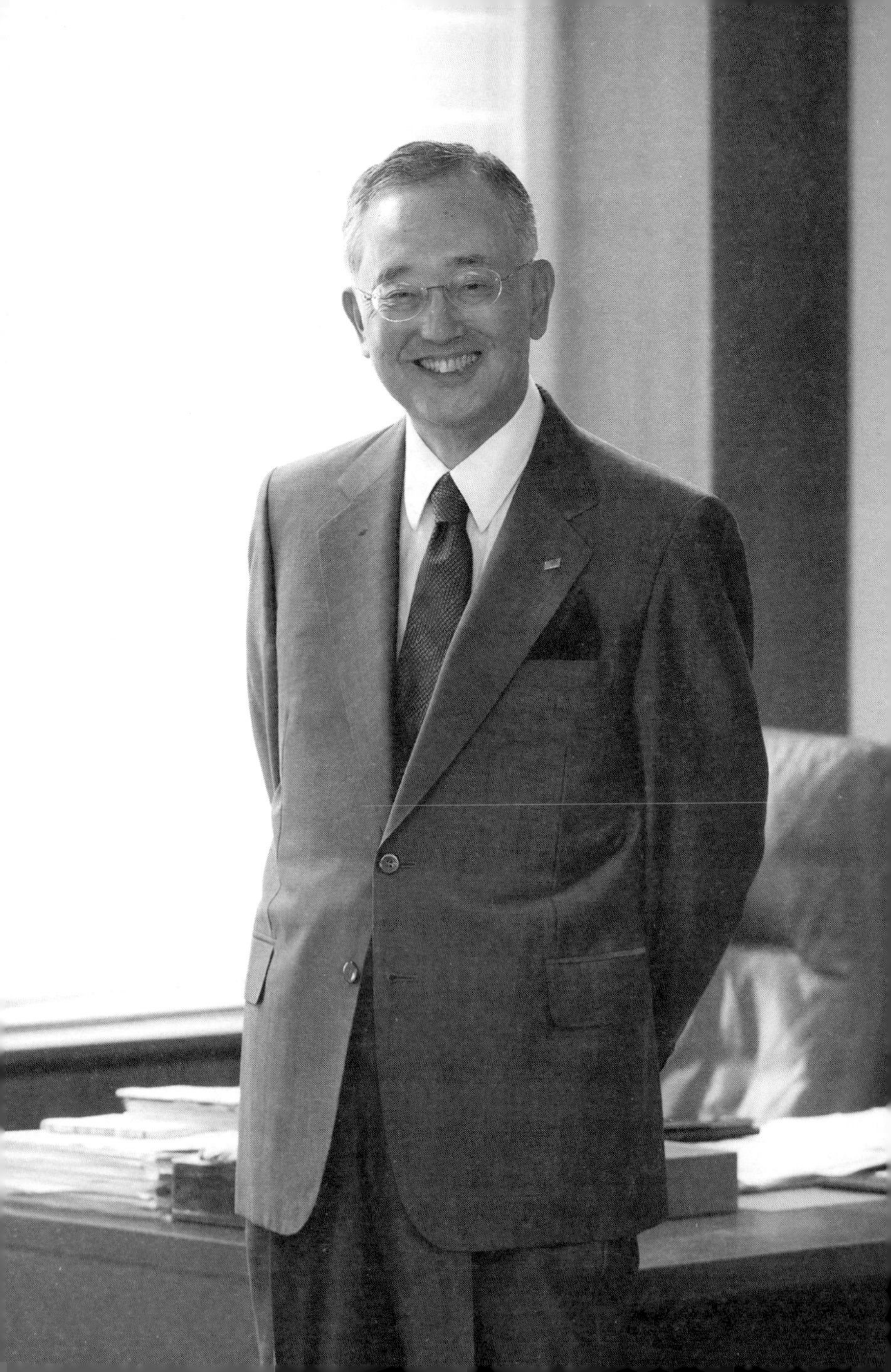

身为经营者

励精图治，勇往直前

当 2014 年迈着轻盈的脚步进入温暖春天的时候，也正是我所在的日本最大的综合金融服务企业集团——欧力士集团喜迎 50 岁生日的时候。

这一年，也是我步入人生岁月的第 78 个年头。在人生三分之二的春秋里，我与欧力士集团风雨同舟，共同成长。50 年前，这个集团是从 1 亿日元资金和 13 位员工起步的。50 年后，能一路与它相伴相行的，仅剩下我一个人了。

开拓日本产业界未知的新领域——租赁业，这是欧力士集团创办的初衷。历经风风雨雨，集团日益壮大，如今已然成长为独一无二的大型集团了，股东资本高达 1.7 万亿日元，可谓发展成果惊人。能在这样一个集团企业的核心工作，真令我感到人生之幸无过于此。如果你问我："是不是一开始心里就描绘了这样一幅蓝图，并以此为奋斗方向的？"我的回答是："并非如此，一直以来我都只专注于眼前的工作，不知不觉就过了半个世纪。"

我在45岁那年被任命为集团社长，30多年来一直置身企业经营的最前线，无论是与股东们的相交，还是带领企业走出低迷，我所碰过的钉子、吃过的苦头可真不止一次两次。年轻时，我将发展道路上遭遇的困难都归结于企业小的缘故，为此我呕心沥血地扩大企业规模。然而后来我发现，这种想法是错误的。

事实上，企业规模越大，要面临的课题就越多，甚至是之前的几倍乃至几十倍。我曾为此苦恼不已，想着自己究竟哪天才能卸下这般重负。如今，我终于卸下了重负，可以从容地回首来时路。在20世纪80年代，我开始协助日本政府工作，印象最深的就是一直持续到2006年的体制改革会议。由于长期参与这项工作，以至于不少人在今天谈起日本的体制改革，还会提起我的名字。作为一名企业经营者，我认为应该尽可能地为国家和社会多做一些事情。

坦率地说，这项助推体制改革的工作还有很多遗憾的地方。我也不止一次地想过，如果当时再加把劲儿，或许能有更为理想的结果。但退一步想，一边经营企业一边协助政府工作，这样的"脚踏两只船"本来就是很难做到的。要想实现体制改革，需要兼备意志决心和决策大权这两把"利剑"，因此，能够做好这项工作的，不是学者也不是行政官员，只能是政治家。

作为一名经营者，带领企业发展壮大，不断向消费者提供优质的商品和良好服务,才是为社会做贡献的唯一途径。所以今天再想起助推体制改革的工作,尽管还留有很多遗憾,但即便重新来过,我想,自己能做到的也未必比当时更多。

孩提时代,家门前的道路上偶尔会有汽车驶过,我听到声音就会拔腿去追,一边追一边大口地呼吸,恨不得把那些汽油味的尾气全部吸进肺里。对于当时的少年来讲,那是一种令人向往的"香味"。每每追忆此事,凝视往昔,我总感叹,自己的人生恰逢日本社会最为激荡变动的时代,包括日本对外发动战争,日本战败后价值观的转变,国民生活水平的高速提升,过快过猛的通货膨胀和旷日持久的通货紧缩。

我一路走来,离不开父母、妻儿、朋友、恩师和前辈们的关心帮助,感激之情难以言表。与此同时,我也深感有义务将其回报给日本的下一代,为子孙后代创造一个更加美好的生活环境。尽管还面临着全球变暖、贫富不均、公正缺失等难题,但只要活在当下的我们与年轻的一代使出浑身解数,我相信问题就一定能够解决。说起来还有些不好意思,当我全力以赴地忙完一天的工作后,入睡前会对自己说:"DONE! GOOD JOB!"

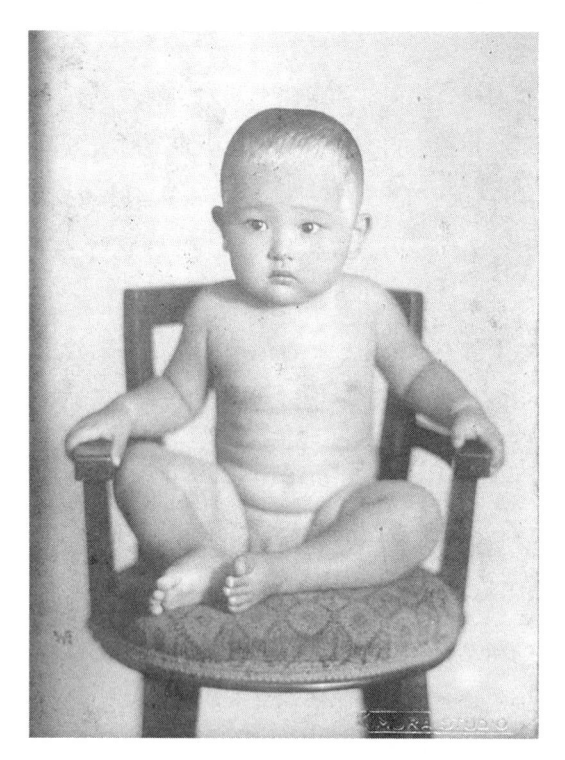

1936年9月，作者的一周岁纪念照

我的童年

父亲对我的出生期盼已久

我的父亲叫宫内义作,在神户市三宫的一条商业街里的美资进口木材商社工作。1935年9月13日清晨,父亲刚刚到公司坐定,桌子上的电话就急促地响起来了。但他没有拿起话筒接听,而是二话不说地径直向着医院飞奔。直觉告诉他,这个电话意味着家中长子要诞生啦!

在我之前有两位姐姐,因此对父亲而言,我是他期盼已久的长子。宫内家祖籍爱媛县,曾在松山市开过油铺,听说一度家境殷实,祖父上幼儿园都是坐着人力车去的,后来家道中落,好不容易把父亲拉扯大。

父亲是一个勤奋好学的人,在神户的帕鲁摩尔学院学习英语后,顺利进入了一家美资进口木材商社工作。他性格豁达开朗,外人丝毫看不出他也是个苦孩子出身。在家里他也是一个温厚的丈夫和慈祥的父亲,从来没有责骂过我。

我的母亲叫真沙惠,原姓浦野,是土生土长的神户人,一名都市女性。她非常爱家、爱干净，最大的乐趣就是照顾好家人。大学二年级那年我患上了肺结核，她去宝塚市的清荒神清澄寺和东大阪的石切神社为我祈福百次。当我听说这件事，不由得潸然泪下。

宫内家共有7口人，祖父宫内彦太郎在我3岁那年去世了，我名字里的"彦"字，就取自祖父，"义"字则取自父亲。我直到20岁都是和祖母宫内瑠衣、大姐美知子、二姐佳子以及父母一起生活的。如今，这个温馨和睦的大家庭里，还在世的成员只剩下我自己了。每每看到家人的合影，就会勾起我的无限思念，同时也有一股凄凉和寂寞袭上心头。

我家老房子在神户市东边的滩区中乡町里，小时候我经常怀着一种恐惧的心理，看着石屋川里那一块块足有自己脑袋大的石头滚动而至，大约是在1938年夏天发生过阪神洪灾之后。这可以说是我出生之后最早的记忆了。后来，我还在谷崎润一郎的小说《细雪》里，读到了类似的场景描写。另一个较早的记忆，是为了矫正左撇子，在幼儿园里被强迫着用右手拿筷子吃便当，身边还围坐了好几位老师。小小的我真是一肚子不满，不理解他们为什么非要强人所难。

从我出生的1935年开始，日本社会逐渐进入动荡期，父亲的美国同事相继回国，商社不得不关闭。好在长田区一家叫松林组的公司的老板愿意在公司里给父亲安排一个职位，他是父亲以前的客户，很欣赏父亲的工作态度和为人。现在想起这段往事，我才明白父亲当年有多不容易。

1942年，我进入神户市立成德国民学校学习，但只上到二年级，就在父亲的安排下，和祖母一起投奔到了山口县玖珂郡大畠的一户亲戚家，以躲避随后而来的战乱。就

和姐姐们在家附近的合影

这样，我成了成德国民学校的第一个疏散避难的儿童。

收留我们的那户亲戚家，在当地的一个小渔村里，面朝濑户内海，背靠满是橘林的大山，仿佛是远离战火的世外桃源。在父亲的这种安排下，我安稳地度过了童年，没有经历战争时都市人那种缺衣少粮的苦难。祖母更是拼了老命般地呵护自己的小孙子。我在大畠鸣门国民学校里得到了星出静子老师等人的额外照顾，尽管如此，在一年多的寄居生活里，依旧感到无法掩饰的孤独和寂寞。

和母亲、两位姐姐的合影

战败体验

开始质疑权威主义

父亲奉命作为新工厂——"昭和木材工业"的负责人之一前往兵库县上任。我和祖母也离开了大畠的亲戚家,一家6口都搬到佐用町的山沟里,和父亲团聚。和之前生活过的濑户内海海滨不同,这次的新家是在山区里的一个小乡村里。

新家离父亲的工厂很近,由一间农房改造而成,里面十分简陋。最让人头疼的,是很难弄到吃的东西。相信当时的佐用町的人们也一时无法接受这种变化,自家的耕地上突然就盖起了新工厂,工厂里还来了大批的工人。父亲虽然每日奔波操劳,但仍然难以摆脱"吃粮难"的现状。

在上佐用国民学校四年级的那个暑假里,我听到了具有历史转折意义的昭和天皇的"玉音放送"(即1945年8月15日昭和天皇宣布战败的诏书广播。——译者注)。那一天,残暑炎于火,大家都听说了中午12点将有重要的广播,于是左邻右舍都来到我家院子里,收音机也被搬了出来，所有人都竖起了耳朵。对于只有9岁的我来说，根本听不明白广播里说的是什么。

"这下是真败啦！"父亲嘟囔着。在听完广播后，6口人开始埋头吃午饭。说是午饭，不过是一些土豆而已。所有人都沉默不语。

这样的战败体验对我人格的形成产生了不小的影响。在"玉音放送"之前，薄薄的只有一页的报纸上全是些可怕的新闻，比如"广岛或已遭到新型炸弹袭击"等大标题充斥着眼球。以8月15日为分界线，学校的教育一反常态，不再进行什么"一亿民众一条心""鬼畜美英"的教育，而是宣传"要把日本建设成为一个和平国家"。

面对这种巨大的变化，我告诉自己大人们都不可信，对所谓的权威主义也产生了疑问。若干年后，在协助政府推进体制改革的工作中，我始终坚持自己的判断，对行政部门抱有怀疑态度，这正源于自己亲历的战败体验。

战败后，为了处理工厂的善后工作，父亲奔波于佐用町的工厂和神户总部之间。我们全家也继续留在了佐用町，勉强熬过了"吃粮难"和"住房难"的时期。日子并不好过，由于通货膨胀严重，家里把能变卖的东西都拿出去换了粮食，相机、和服、缝纫机等一个接一个地从屋子里消失了。就在那个时期，我家竟然收到了一位从大畠移居到夏威夷的朋友寄来的邮包，里面都是些南方国家的食品，有菠萝罐头、细砂糖等，简直就像是来自天堂的礼物。

战败后，日本频繁举行国政选举。为了监视选举过程，美国占领军四人一组地开着吉普车来到了佐用町，由第二代日裔美国人充当翻译。不过他们的日语实在太差，所以町政府就拜托父亲负责翻译和协调工作。

虽然父亲嘴上说"讨厌给这些大兵们做翻译"，但又主动邀请美国大兵们到家里做客，还拿出町政府特别供给的牛肉和酒水款待他们。我坐在一旁，眼巴巴地看着父亲操着令人难以理解的语言与美国大兵们交谈，感到很是不可思议，也产生了对英语的好奇心。

作为翻译的儿子，我也得到了不少"好处"，可以坐在美国大兵的吉普车上兜风。而我的玩伴们只能目瞪口呆地看着。

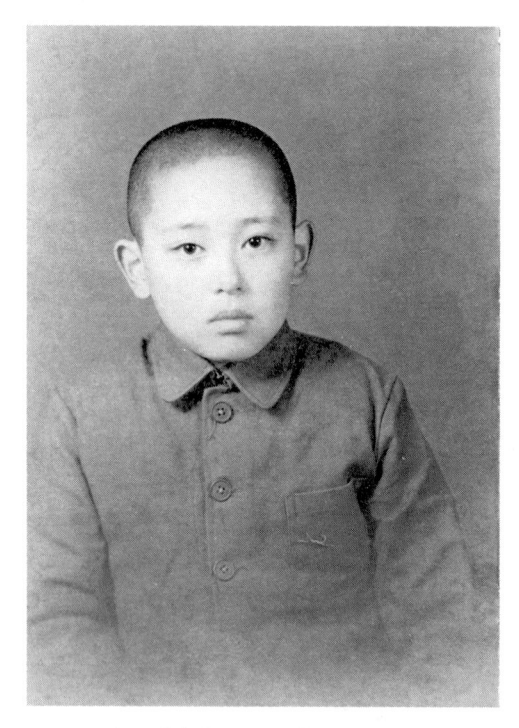

1948年，作者考入关西学院大学附属中学

关西学院大学附属中学

鬼使神差地加入了合唱团

以二姐佳子的转学和我小学毕业为契机,全家人告别了佐用町,回到了故乡。

日本实施学制改革的第二年,也就是1948年的春天,我考入了关西学院大学附属中学。这所中学是日本关西地区最难考的名校之一,一旦考入,接下来的10年就可以电梯式升学,一直读到大学毕业。这是父母为我选择的学校,他们不想看到我在初高中的6年里疲于应对升学考试。正因为这样,在我的人生里,就只经历过小升初的这一次升学考试。

在佐用町上小学时,我的成绩始终保持在前两名,可是考入关西学院大学附属中学后,从后往前找自己的名字则更快些。刚开始我还很受打击,渐渐地也就习惯了"低空飞行",能和这样一批成绩优秀的同学打成一片,我感到很有成就感。

以学制改革为契机,我所在的中学也开始模仿英国,以打造"私立精英学校"为办学目标，请来了好几位美国老师，校园环境越来越好，还被誉为"日本最美的校园"。

管理附属中学的是矢内正一老师，他的教育理念是"德智体美劳全面发展"。矢内正一老师关爱所有学生，也经常鼓励我，并不厌其烦地教诲我们要甘做"地上的盐"，要努力"照亮世间一隅"，还会亲自写一张明信片寄给那些成绩有所提高的学生，以示鼓励。大家为了能收到一张矢内正一老师的明信片，也都开始认真学习。每当考试前夕，他会与全体考生一个一个地单独面谈，也会寄明信片给落榜的学生，鼓励他们不要气馁，重拾信心。老师们得力的教育方式对还处在青春期的中学生们产生了强大的影响力。直至今天，我还会时常考虑，这样做是不是能得到矢内正一老师的表扬。

我开始喜欢上了棒球，下定决心要成为校棒球部的一员，谁想到后来却加入了风马牛不相及的男声合唱团。起因是在一堂音乐课上，音乐老师佐藤和爱说："宫内君，你的嗓音很好啊，要不要加入合唱团？"我从来没想过会有人"赏识"自己的嗓音，所以鬼使神差地就回答了"好"！在变声之前，作为男童高音的我们都逐渐喜欢上了和声、合唱。

关西学院合唱团是日本历史最长的合唱团，曾培养出山田耕筰、津川主一等著名作曲家，以及今东光这样的大作家，还有圣路加国际医院的名医日野原重明先生。附属中学合唱团算是关西学院合唱团的"小老弟"。

初一那年，我们的合唱团曾作为西日本地区代表，参加过音乐会演，通过NHK的广播进行角逐，最终败给了庆应义塾大学附属中学普通部。我对这段时光念念不忘，十多年前曾利用周刊的告示栏"投石问路"："昔日的好对手，你们如今还在坚持合唱吗？"随后，老同学、老对手们的联系纷至沓来，时隔50年我们再次聚首，并在庆应义塾大学三田校园举办了一场合唱会。久违的歌声，久违的激情！

母亲在夏天会带我到甲子园球场看全国高中棒球大赛，我也经常在放学后顺道去西宫球场看阪急队的比赛。比赛进入第8局，球迷便可免费进场，很适合在放学后消磨时间。我做梦都没有想到，在几十年前，曾经那个经常在放学后去蹭球看的"棒球少年"，竟能成为这支职业球队的老板。

大学时代

疗养肺结核，发奋图强

转眼就到了高三，自己开始考虑升学问题，有了"十年一贯制"学校学生所特有的不安情绪。固然，我应该感谢为我创造了10年悠然自得的校园生活的父母，但是一想到未来的同学都是过关斩将般考入关西学院大学的，我就不由得担心自己真的能与他们一搏高低吗。

在日益加重的惶恐和惴惴不安中，我最终选择了读商学专业。这是受到了从事贸易行业的父亲的影响。

进入大学后，我一改初高中时的那种学习态度，开始专心苦读，晚上也到父亲曾经就读过的帕鲁摩尔学院读英语夜校课程，越发意识到学好英语的重要性。夜校对学生出席点名异常严格，因此我顾不上吃晚饭，常常是空着肚子去上课。

再回过头来说校合唱团。关西学院大学可是常年蝉联全国第一的名校，所以合唱团的练习强度也比高中时提高了很多，甚至需要将练习看得比上课还重。眼看着身体就要吃不消了,在大二那年即将结束的时候,我忍痛决定退出合唱团。也就是在那个时候,一场突如其来的肺结核,改变了我的学生生活。那年入冬以后,我发烧迟迟不退,到大学的诊所看病,医生告诉我需要立即住院治疗,而且必须静养1年以上。就这样,充实快乐的大学生活紧急刹车,我的世界一下子灰暗了。

侥幸可以不用住院,但不得不在家静养,还有医生定期登门诊疗,我过上了单调而重复的"病号"日子。常言道,"塞翁失马,焉知非福"。事已至此,我反而想开了,便利用静养时间在家里安心读书,一部分是想"挽回"初高中时没认真学习的损失,更多的则是每日无所事事,索性一头扎进书堆里,完全是一个人的自学。

链霉素等有效药物的相继问世,让我的静养只持续了半年,便提前宣布结束,重返校园时,正赶上秋季考试,虽然此前一节课都没有上过,成绩却是突飞猛进了。

在我静养的那半年间,同学们巧妙地帮我应对了课堂点名,还有的同学把详细完整的课堂笔记借给我,帮我渡过难关。说什么都要和这些好同学、好哥们儿一起出席毕业典礼,也是支撑我在静养期间不懈学习的强大动力之一。

我的身体状况日趋好转,加入了凯恩斯经济学专家和田繁教授的研讨小组,在他的耐心指导下从零起步,学习经济知识。我的努力赢得了和田繁教授的肯定,在毕业前夕，他还邀我留校任教。但我有自己的目标，想前往美国深造，于是谢绝了他的好意。

一个在家静养了半年，很有可能因此留级的人，却顺利毕业了，我的喜悦之情无以言表。中学时的成绩在班级里是倒数，大学时却能异常优秀，尽管如此，我至今也不大愿意想起大三和大四那两年的日子。

留学美国
难度远远超出了想象

1958年7月,日本海汽船公司的万吨级货轮"神户丸"号扬帆驶出了神户港,前往美国西海岸。船上仅能搭载几名乘客。

自费赴美留学的手续很是烦琐,着实费了一番周折,好在有父亲的美国朋友帮助,我才得以站到"神户丸"的甲板上。肺结核也彻底好了,我精神饱满,对新的世界充满了期待。

横渡太平洋需要两周左右,船上的时间是将一天设定成24小时30分,以此调节时差。在这期间,我和一名刚刚从商船大学毕业的三副船员成了朋友,他教给我通过看航海图和星空来调整航海路线的天测航海法。

船上有日式浴缸,用的热水其实都是烧开了的海水,只有在出浴的时候才可以浇上一杯淡水,象征性地洗刷一下"腌泡"过的身体。

"神户丸"首先是在加拿大的温哥华停靠,卸下了木材后，又行驶了一周左右，终于到达了美国华盛顿州的西雅图。

我选择的专业是华盛顿大学的 MBA 课程，在 9 月正式开学前的一个月，一直借宿在父亲的美国朋友布里泰尔先生家，还在他家附近的湖里体验了汽艇和水上摩托。悠闲的时光总是短暂的，转眼间 MBA 课程正式开始，一个班级有 20 到 30 人，课程难度远远超出了想象。

我开始在两人一间的宿舍、大学教室和拥有自己固定课桌的图书馆之间，过上了"三点一线"的生活。光是要看懂教科书，就需要比美国本土的学生多花 3 倍的时间，

1959 年，作者在西点军校前留影纪念

写报告则需要多花4倍时间。如果成绩不好，可不是留级这么简单，会被直接开除的。

我听说以前也有过好几名日本留学生在这里学习，但目前为止是"全军覆没"，没有一个能够毕业的。我暗下决心一定要拿下这个"史上第一"。我不敢有半点的懈怠，渐渐地就掌握了学习要领，课堂上总是抢在第一个发言，因为美国学生中不乏"身经百战"的社会人士，越是排在后面发言，要回答的问题就越复杂，以我的能力根本跟不上。抢先发言，可以说是我在课堂上总结出来的小技巧。

只有到了学期快要结束时和周末，我才能从学习中稍稍解脱，缓一口气。在学校举行的"国际周"活动中，各国留学生都准备了艺术表演，我和几位日本留学生一起将《天岩户物语》改编成了意大利歌剧，由儿玉实英（现为日本同志社女子大学名誉教授）负责作曲与伴奏，我扮演主角。演出博得了满堂喝彩，我也加入了合唱团，有了排遣情绪的渠道。

有一天，教授告诉我学校有一份面向留学生的奖学金，我幸运地被选中了。这笔奖学金不但完全抵消了我的学费，还可以让我犒劳自己一件夹克。

第一年的留学生活顺利结束了，暑假我计划去看看东海岸，于是报名参加了华盛顿乔治敦大学的夏令营。与西雅图截然不同，东海岸非常闷热，甚至超出了日本。夏令营结束后，我又前往纽约，乘坐便宜的长途火车回到了西海岸，这一路观景采风，相当惬意。

到了尼亚加拉大瀑布我才知道，如果不进入加拿大便无法看到全景，但是自己的护照却放在了西雅图的宿舍里，真是让我懊恼不已。长途跋涉到这里，自然不愿轻易放弃。我尝试着说服边境管理人员，哪怕让我过去只看一个小时也行，对方拒绝了。我又提出要和"上面的人"谈谈，一位领导模样的人出面为我拨通了加拿大那边的电话："现在有一位没有携带护照的日本游客要过去，请行个方便吧。"

1960年，作者获得MBA学位

学成归国

顺利取得 MBA 学位

在华盛顿大学的第二年，每天除了学习还是学习，唯有熬到周五晚上才能松一口气。周六去校体育场看橄榄球赛，是我为数不多的乐趣和期待。到了周日，我便要重新伏案苦读。关西学院大学的校区风景怡人，这里的景色也毫不逊色。

苦心攻读的 MBA 课程进入了尾声，要顺利毕业，必须突破三道难关：一是综合测试的成绩要达到 3.0 以上；二是论文通过审核；三是毕业考试合格，缺一不可。

平日的心血没有白费，我的综合测试成绩突出，有资格升入博士课程。论文也通过了审核，这主要得益于华盛顿之行时，从美国商务部里找到的大量资料。我将毕业考试推迟到了 7 月，也顺利合格，8 月，我终于可以学成归国。

至今回想起来，都感觉赴美留学的那两年真是艰辛，甚至让我有了再也不碰书本的念头。但不可否认，我的收获还是相当大的，不但拓展了视野，丰富了阅历，也了解了美国人的思维方式，更为重要的是，我学会了如何思考和分析商业。

留学生活第二年的12月，西雅图的日本留学生们计划组织一场圣诞聚会，让大家自带日式饭菜，聚在一起使用母语尽情地畅谈。或许正是因为这高强度的学习生活，才让大家有了这样的想法。

那天参加聚会的日本留学生有七八个，其中3个是女生。虽然这是一场人数不多的聚会，对我来说却是人生中最大的邂逅之地。就是在这次聚会上，我认识了还在语言学校学习的中川伸子小姐，也就是我未来的妻子。

1960年8月，我抵达了东京港。与两年前一样，这一次乘坐的也是运送木材的货轮。货轮途经阿留申群岛附近，用了两周时间横渡了太平洋。

回到日本，我开始马不停蹄地找工作。在我看来，留美镀金，获得MBA学位，理应好找工作，而且待遇也会比大学生高出很多，因为美国的就业形势就是这样的。因为父亲是贸易行业的，所以我自然而然地将目标锁定在综合商社。

父亲介绍我前往日本著名的综合商社——三井物产面试，却被告知"从来就没在8月录用过新员工"，眼看进三井物产是没希望了，我只好调整方向，打算去美资商社试试。正在招聘有留学经验的人的日本 IBM 公司，向我伸出了橄榄枝。也不知道自己是中了什么邪，IBM 给我的工资是普通日本公司的两倍，我却因此耿耿于怀选择了放弃，觉得不能因钱失去名誉。

回到关西，我前往总部在大阪的日绵实业（如今的"双日"）碰碰运气，是该公司专务亲自给我面试。他说："欢迎你加入我们，随时可以来上班。"在父亲的支持下，我决定立即进入该公司工作。我被分配到该公司的调查部。这个部门主要承接负责制定经营计划的企划部的业务。就在我感觉自己不像是在商社工作时，人事部的一名年轻员工告诉我："因为你比别人晚来了两年。"也就是说，我能拿到的工资只相当于普通的大学毕业生的工资。

1962年3月5日，
作者在宝塚酒店举行了婚礼

功到自然成
对公司一肚子不满

留美苦读两年，却被日绵实业说成是"比别人晚来了两年"，真是让我愕然。调查部的松岛敏喜科长亲自出面跟人事部交涉，双方折中的结果是，算我只晚来了一年，起薪是一个月 1.5 万日元。或许在人事部的眼中，我赴美攻读 MBA 课程的经历，只是一个富家子弟的游学而已。

当时，华盛顿大学本科毕业生的起薪为 450 美元，如果取得 MBA 学位，可升至 600 美元。按照当时的固定汇率换算，1 美元约合 360 日元。我和其他美国同学的工资真可谓云泥之别。看来 MBA 的学历没能给我带来任何帮助。

在调查部工作，虽然偶尔会被叫去代替领导出席一些演讲会，做做领导的翻译，写个 3 年经营计划书的草稿等，但说到底，主要工作内容还是给企划部打下手。日绵实业在日本综合商社里的排名是第五位，为了跻身三甲，企划部要给各个部门制定业绩，比如某某部门和某某部门要将业绩提高几成等。

公司规定，新员工必须取得珠算3级证书。在其他人都还没有开工的8点，我们这些新人就被集合到一个房间练习打算盘，什么时候过关了就可以不用再来了。我是在8月份进入这个算盘教室的，可刚进去没几天，教室就解散了。于是，我就成了公司里唯一一个不会打算盘的员工。后来，公司引进了手摇式老虎牌电子计算器，珠算资格证成为一张废纸。尽管一开始有这样那样的波折，自己逐渐也进入了角色。

理想丰满，现实骨感，这和我所憧憬的商社白领生活实在是相去甚远，难道自己真的就要这样将就下去吗？我跟父亲发牢骚，父亲只回了一句话："功到自然成！"我调整心态，重新积极地投入工作之中。

日绵实业有国外研修制度，这在那个年代还十分罕见，年轻员工们自然是铆足了劲儿挑战选拔考试。但人事部的负责人对我说："凭你的实力，没有必要再出国研修了。"没过多久，我就被调动了。

自那次西雅图的日本留学生聚会后，我和中川伸子小姐逐渐情投意合，但我那时还要忙于学业，只能偶尔给她打个电话诉诉衷肠。后来，中川伸子小姐搭乘"冰川丸"号渡轮回国，在京都的一家酒店工作，我们这才开始正式交往。那次，是"冰川丸"的最后一次服役，如今，这艘老船依旧停泊在横滨港，供人参观。

在我出国留学前,母亲曾半开玩笑地叮嘱过我:"千万别领个蓝眼睛的媳妇回家来呀,我可受不了。"我和父母一边回忆这段对话,一边前往中川伸子小姐的家乡——广岛县西城(现在的庄原市),拜访她的父母。

中川伸子小姐的家乡,在日本广岛县的一个山区里。她的父亲中川茂先生,是一所中学的校长,母亲中川泰子女士是"全政寺"住持的女儿。如今,中川伸子小姐的哥哥堀川雅文先生继承了外祖父的寺院,在里面做住持。中川一家就住在一个小村落里,村里人来往密切,人情深厚,彼此全都认识。

1962年3月5日,我和中川伸子小姐喜结连理,我曾经的恩师、关西学院大学教授和田繁夫妇为我们做了证婚人。蜜月旅行去的是日本的九州地区,在别府、云仙等地度过了一段美好的时光。我们的二人世界,是在西宫北口一间不起眼的公寓里开始的。

赴美出差

从租赁业的基础学起

虽说是进入了日本的商社，却被迫待在调查部这样不起眼的部门，我不由得有些感叹"英雄无用武之地"。日复一日，我想去海外出差，想站到业务最前线的念头越来越强，甚至已经悄悄地把伦敦列为最理想的出差地。

进入了经济高速成长期，日本人开始追求富裕的生活，就连我这个被说成"没有必要再出国研修了"的人，也等来了一个调到海外统筹部的机会。

大约等了两周，人事负责人丰田秀尾常务找我谈话，要我赶紧去趟旧金山，还说具体的理由机械部部长会告诉我的。原来，日绵实业正在酝酿一项租赁业务，这在日本还是一个全新的业种。作为前期筹备，已经同美国的 U.S. 租赁公司达成了合作协议，由对方提供经验指导，我去取经。

当时，日本关西一带的纤维业都在加快业务综合化的发展步伐，日绵实业也将拓展机械部业务范畴作为当务之急，认为有必要引进租赁业务。临行前，机械部的满岛启二常务嘱咐我："你错的话公司也会跟着错，一切就都看你的了！"这句话就像是给我打了一针兴奋剂。1962年12月初，我从羽田机场搭乘泛美航空公司的航班，飞往旧金山国际机场。

第一次去拜访U.S.租赁公司，出面接待我的是该公司副董事长亨利·B.兴菲尔德先生。由于我对租赁业务两眼一抹黑，既不懂相关的金融知识也不懂相关的法律知识，他就为我安排了两名斯巴达式教练。

我被安排得满满的课程，从周一到周五，金融基础知识、利息、租赁合同上的术语，还有租赁费用的计算方式等，都得一一学起。好在有华盛顿的两年留学经验，我很快就熟悉了美式学习技巧，白天做笔记，晚上回宾馆巩固消化，加深理解。脑子里时常出现满岛启二常务的话："你错的话……"

兴菲尔德先生不到50岁，是个很会照顾、提携后辈的绅士，年轻时经历过"世界经济大恐慌"，吃过不少苦，大学没读完就进入社会了，工作换来换去，直到和自己的兄弟合办了一家租赁公司才算稳定下来。兴菲尔德先生称呼我为"yoshi"（宫内义彦的"义"的日语发音），每隔两三天就在傍晚把我叫出去，来场突击测试，测试内容包括合同上的术语和租赁费用的计算方式等，如果我回答不上来，就会被他斥责一通。而每当我感到沮丧时，他又会亲切地说："yoshi，咱们一起去喝上一杯吧！"

兴菲尔德先生在其妻子去世后，有了一个女朋友，我就经常在他和女朋友约会时充当"电灯泡"。虽然国籍不同，年龄差距也大，但我和兴菲尔德先生非常投缘，就好像真正的师徒一样。人生苦短，世事难料，兴菲尔德先生在60岁那年就因为肺癌过世了。至今回想起来，我都感慨良多。如果没有他，可能就没有今天的欧力士集团了。

1963年，作者（左一）和兴菲尔德先生（中间）在U.S.租赁公司前合影

启航

从 13 个人开始的新公司

1964 年 3 月 12 日,在大阪北区堂岛船大工町那片老城区的日昭大厦里,12 个分别来自商社、银行的男人聚在了一间简陋的屋子里。这就是新公司——东方租赁有限责任公司(Orient Leasing Co., Ltd. 以下简称"OLC")的筹备事务所。

OLC 原计划作为日绵实业的下属公司成立,但在我赴美研修期间,三和银行的加入,让 OLC 变成了日绵实业和三和银行共同的下属公司,日商、岩井产业这两家商社和日本劝业等四家银行也加入了投资阵营。4 月 17 日,OLC 以 1 亿日元的注册资金正式成立,第一任社长由日绵实业的福井庆三社长兼任。

万事开头难,由于是临时搭伙,所以最先要解决的就是"粮草"问题。新公司的常务、原日绵实业神户支店长的伊藤正宽常务跟总务部好说歹说,总算拿到了 10 万日元,为公司添置了一套茶具。那个年代的固定思维就是,上不了茶的公司做不了业务。

新公司里清一色的男员工，连个能给大家端茶倒水的女员工都没有。为此，各出资方又分别派了一名女员工过来。这事情要放在眼下，可真是犯了职场性别歧视的大忌。但在那个时代，都是由女性负责端茶倒水的。

我的主要工作，就是为包括股东们在内的全体员工讲解租赁业的基础知识，并负责向出资的商社和银行进行业务上的说明。最后一个加入元老队伍的重量级人物，是三和银行的董事、刚刚卸任回国的纽约支行行长乾恒雄先生。他一回到日本，就来公司跟我们打招呼，担任了副社长。

乾恒雄先生发挥自己在纽约的所长，向我们讲解了何为租赁业。坦率地说，他所理解的租赁业跟我在旧金山学到的大不一样，比较接近于"出租"的概念。我忍不住打断了他："副社长，不好意思，我认为您讲得不对！"接下来，我就滔滔不绝地讲起了租赁是金融业的重要组成部分等。

一个刚出道的黄毛小子竟然向老资格的领导公然叫板，包括乾恒雄先生在内的所有人都惊呆了。但我真没有刁难老前辈的意思，只是从公司利益出发，希望掌舵人能够了解正确的租赁知识。在那以后的日子里，已经成为社长的乾恒雄先生还经常提起这件事，每次都笑着说"那次我真是败给你小子了"！16年后，乾恒雄先生亲自将社长的接力棒递到了我的手上。不过这是后话了。

新公司刚刚起步，如何营造一个士气高涨的团队氛围，是乾恒雄先生最为苦恼的事。这一切我也都看在眼里，员工们分别来自三家不同的商社，而这三家商社又原本是竞争关系，从三和银行调来的员工又不大情愿从中协调，所以大家相处起来总是别别扭扭的。为了解决问题，乾恒雄先生做出了一个大胆的决断，干脆约每个员工单独面谈："你有没有在这个公司长干的打算？有的话，就不要光考虑老东家的意思，横下心一起打造一个真正属于我们的公司吧！"

作为一个奉命来传授研修成果的"短期临时工"，我没有机会被乾恒雄先生钦点面谈。然而伴随着公司的发展，我是越来越不想离开这里了。

作者29岁那年在大阪的梅田跟父亲共酌

成长

不靠老东家自主开拓

战后的日本正铆足了劲儿地发展经济，相继举办了东京奥运会和大阪世博会，OLC也乘着这股东风，开始步入了正轨，租赁交易深受社会和企业的欢迎。

公司创立最初的成员，大多是从各处临时调任的，年龄比例严重失衡，有必要再培养出一批新人来。于是，在创业的第二年，也就是1965年的春天，公司开始招聘应届毕业生。

我们共录用了4名男性新员工，跟其他应届毕业生相比，他们有些"另类"，不做公务员，也不想进大公司，就一心一意地想到一个刚起步的新公司里大展拳脚。而这，正是我们需要的。果然，这4个人在后来成了我们公司的骨干。1967年前后，我们扩大了业务范围，开始急缺人手，便将目光转移到了那些有工作经验的求职者身上。

这样一家小规模的租赁公司能够生存、成长下去，主要还是依靠出资方的商社机械部给饭吃。然而这和我赴美研修所学到的业务相去甚远。在美国，租赁业务的内容主要是电脑、打印机、点钞机、自动售货机等经费型资产，企业也都认为按月交租赁费很合理。但是在日本，找我们洽谈的都是些要租借一整套面包生产设备、一整套发电设备的人。虽然我心里很感激出资方，但还是希望能尽快开拓出美国式的、真正意义上的租赁业务。

跟社内领导多次沟通后，1967年6月，公司终于决定在大阪总部和东京分公司开设一个开发科，让我负责将一些总部不大关注的机械推销出去。这个开发科的科长，自然是由我兼任。我每天拿着三种不同头衔的名片，开始在大阪和东京两地跑业务。令人庆幸的是，开发科的业绩稳步增长，正在高速发展中的日本产业界也开始推行业务自动化，而电脑和复印机正是业务自动化不可或缺的设备。对于当时的中小企业来说，电脑和复印机价格不菲，更新换代太快，掏钱买一批实在不划算，他们更愿意选用租赁的方式。

但中小企业一般一家只租赁一台，顶多也不过几台，这跟出资方想靠收取手续费获利的预想不大一样。于是，出于利益考虑而开始了租赁业务的商社和日绵实业的总部，与由我领导的完全走自我探索道路的新部门之间，产生了一些微妙的分歧和代沟。日绵实业的总部内开始陆续出现质疑的声音："那个宫内到底在搞什么鬼？"但我并不十分在意，我高兴的是看到了新公司从无到有，业务日渐扩大的发展变化，至于那些不安，我会想办法逐个打消的。

渐渐地，最初并不十分看好我们的商社和银行也发现，OLC 的发展出乎意料地顺利和迅速，于是各家也都着手创办租赁公司。

从 1967 年就开始担任 OLC 社长的乾恒雄先生也体会到，各控股公司的存在，让 OLC 在业务范畴和人事任命等方面都受到了制约。他决定带领公司转型，让公司彻底独立，从少数股东掌控支配，变成面向社会和面向广大投资者公开募股。1969 年初春的一天，乾恒雄先生约我去他的办公室，让我为公司上市打头阵。当时的我已经是社长室的室长了，我很乐意接受这一新的挑战。

独立

只筹备了一年就成功上市

日绵实业多次催我返回总部工作,但我实在是抽不开身,每次都以一句"请再等等"作为答复。后来,总部就为我安排了一次纽约出差,但我以暂时脱不开身为由,拒绝了总部的好意。我的这个答复让所有人都倍感意外。

在乾恒雄先生的争取和说情下,1969年2月,我正式成为OLC的员工,待遇也在一个月后变成了部长级别,月薪一下子涨了许多。公司上市的前期筹备工作,就由我和竹田骏辅、中岛洋3名年轻人负责。我们在频繁前往证券公司的同时,还要挤出时间来学习最基本的财务知识、股市结构和利益分红政策等。

在OLC的成立之初,受日本外资引进相关法规的制约,U.S.租赁没能给我们出资。直到1967年冬天,才终于可以出资20%。OLC上市这一好消息,自然也是由我代表公司前去通知兴菲尔德先生的。

"尽可能地压低票面价格,再让发行价格高于票面价格，想办法让股价持续上涨。"当我将证券公司所灌输的理念转述给兴菲尔德先生时，他噌地一下子怒了："这不就是向大街上撒钱吗？"他叮嘱我两点：一是不得让既有股东的利益受损；二是股票的价格反映了企业的价值，不能随便压低价格。兴菲尔德先生的一番话令我又一次认识到资本法则的分量，他不愧是在业务开拓和资金筹措方面的杰出导师。

1970年3月，我就任公司董事，时年34岁。同年4月，OLC在大阪证券交易所第2部上市，每股定价300日元，上市后的公开价格为每股505日元。1971年4月、1972年3月和1973年2月，OLC又先后在东京证券交易所第2部、名古屋证券交易所第2部和东名阪证券交易所第1部顺利上市，连续三年都有所突破。

现在回想起来，在乾恒雄先生的敦促下，不到一年我们就完成了上市前期的筹备工作。为了赶时间，这筹备不免有些粗糙。按照当时的制度，企业上市后，董事和员工都可以分摊到股票。如果能推迟一年上市的话，带领我们打江山的乾恒雄先生一定会因此变成一个大富翁。但他本人根本就没有去想这一层。如果没有乾恒雄先生的英明决断，直到今天，OLC也顶多只是某家商社或某个银行的一个分公司而已。

1972年12月，OLC将总部迁到了东京，因为当时日本的产业经济都集中在那里,我们自然也得进去抢占一片天地。与此同时,乾恒雄先生还将目光转向了海外的"租赁空白区",对进军东南亚国家跃跃欲试。投石问路的任务,自然又落到了我的肩上。1970年春天,又一个充满生机的季节,我和丸山博前往东南亚各国进行实地调研,力图开拓公司新的"春天"。尽管没有找到合适的突破口,但摸索的步伐没有停下来。

在此期间,中国香港的Jardine Fleming公司曾表示想同我们合作,但最终却放弃了。既然这样,不如就我们单打独斗,1971年9月,OLC的第一家全资海外分公司在香港挂牌营业。随后,我们又进军了新加坡市场,与当地的政府系银行、华侨银行联手成立了合资公司。接下来的几年间,我们一鼓作气地将业务网扩大到了马来西亚、巴西、美国、韩国、印度尼西亚、菲律宾和泰国等国,几乎是按照一年一家的速度在海外陆续成立了分公司。

1972年，在新加坡成立合资公司的签约仪式上

1973年，在马来西亚分公司的开业仪式上

石油危机

为筹集资金各地奔走

按照乾恒雄先生的战略方针，OLC一方面不断扩大亚洲地区业务网，一方面在国内推行业务多元化。如果说金融业是一片广袤无垠的大海，那么租赁业仅仅是其中一朵小小的浪花。单是机械租赁领域，拓展空间就十分广阔，比如汽车租赁、电脑租赁等新鲜、刺激的项目。可以说，租赁业本身就适合多元化发展。当然，在最初的尝试阶段，难免会一波三折。我们的第一次尝试，是合资创办一个杂志销售机租赁公司，但眼见着没什么发展前景，这次尝试就迅速告终了。

接下来的是名为"东方飞艇"的广告业。从西德购入以氦气为升浮气体的巨型飞艇，用它为客户提供空中广告。为提升效果，还特意请艺术家冈本太郎先生绘制了一个大眼睛。不幸的是，飞艇遇上了台风，后果可想而知。尽管有保险负责修理，但没过多久，台风又来了。"东方飞艇"从此不再飞行。

我们能够这样屡战屡败还斗志昂扬,全靠公司的主打业务进展顺利。当时谁也没能料到,还有一场事关存亡的严峻考验正躲在暗处伺机而发,那就是第一次石油危机。在第一次石油危机爆发半年后的1974年春天,公司的资金筹措突然停滞,这对于金融业来说简直是致命的打击。

波斯湾沿岸石油生产国纷纷提高了原油价格,导致日本物价暴涨和物资短缺,但这并没有对我们造成明显的影响,公司业务部继续一个接一个拿业务、签合同。财务部却是另一番景象,"资金链快要断了"的告急声越来越响。原来,在日本银行的"紧缩"政策下,我们的合作银行纷纷拧紧了"水龙头"。而当时OLC的资金来源几乎全靠银行贷款。

已经升任公司常务的我,身先士卒地与财务部一起冲到了筹措资金的最前线。当时的日本还不允许公司发行债券,所以只有求助于各种金融机构,什么信用金库、信用组合、外国银行、保险公司、农协系统等,全国各地都留下了我们四处借钱的足迹。还有同事戏称,我们为了借钱,简直是田间地头也跑华尔街也跑。

就这样,我们这支由10个人组成的借钱队伍,一共在全国各地马不停蹄地奔波了两个多月。翻看当时的工作笔记,还能看到自己用潦草的笔迹写着"从池袋信用组合借到了1亿日元""仙台县信用联合贷款年利息在18%左右"

等。即便利息这么高，我们也不得不借啊。为获得贷款，出借方必须出售持有的债券。而出售债券所产生的损失，要靠提高利息来填补。

而我们呢，则是贷款越多损失越大，即便如此，我们也是豁出去了。因为没有资金，就意味着公司倒闭。截至1974年9月末，OLC的借入资金总额已超过了1000亿日元。

如果从一开始就直奔主力银行求援的话，说不定能确保公司平稳过渡，但我们更希望凭自己的力量熬过难关。经过这番磨难，我深刻地认识到了资金周转才是企业经营的根基，我也决定了以后的经营方针，在开展事业的同时要有效管理业务团队。这真是一次刻骨铭心的体验，首席财务官（CFO）的责任竟是如此重大。

乾恒雄先生
确立了公司发展路线

乾恒雄先生出生于1910年，看上去很时髦、洒脱，骨子里却是典型的一根筋的"明治男子"。正是他确立的发展路线，才使欧力士集团能够在金融服务业里独树一帜，永葆特色。

乾恒雄先生祖籍大阪，其父亲和哥哥分别为律师和法官。但他这个法律世家的小儿子，选择了在庆应义塾大学攻读经济专业，毕业后进入了三和银行工作，走上了与其父亲和哥哥截然不同的人生道路。听说乾恒雄先生小时候还很喜欢陪母亲一起去观赏歌舞伎表演。

进入银行工作后，乾恒雄先生一直征战海外，先后常驻过美国旧金山、英国伦敦等地，后来升至三和银行纽约分行行长，在1964年奉命从纽约调回日本，帮助OLC创立，那年他54岁。对于一名银行工作者来说，他的履历金光灿灿，但在当时，他走的却是一条"非主流"路线。

作为"三和银行"和"日绵实业"的分公司成立的

OLC，在掌舵人乾恒雄先生的三大信念的指导下，走出了一条独立发展的特色路线。他的第一个信念是包括人事安排在内，要最大限度地脱离总公司的掌控；第二个信念是公司要面向社会，公开募股；第三个信念是着眼海外市场。让这三个信念相辅相成，共同打造一个值得骄傲的企业，则是我和乾恒雄先生共同的志愿。

乾恒雄先生整整比我大 25 岁，即便从年龄角度考虑，我也绝不会成为他理想的后任人选。然而幸运的是，我作为他的参谋，与他并肩作战的机会日益增多，在他的手下，我先后参与了业务多元化、国际市场拓展、上市筹备等公司发展的重要事项。在此期间，乾恒雄先生询问我年龄的次数也越来越多。1975 年，我升任首席常务，他对我说："接下来就靠你了！"那年，我 40 岁，乾恒雄先生 65 岁。

在每年的人事调动期，乾恒雄先生都要亲自跑一趟三和银行总部，跟总行行长推举让我做社长。他连续推举了五年，我才做到了社长的位置。这五年对于我来说，是潜心修炼的五年。他的那句"接下来就靠你了"，就意味着已经宣布将接力棒交到了我的手上。OLC 的一些有关经营和业务的重大决定渐渐地都由我来拍板，而每当我将自己的决定汇报给乾恒雄先生时，我们之间都有一个固定的模式。

我先是向他说明目前面临的问题，再列举出 A、B、C

三个对策，最后告诉他我最终决定用其中的哪个对策，以及用这个对策的理由是什么。而乾恒雄先生每次的答复都是："容我考虑一个晚上。"第二天，他会第一个把我叫到办公室："就按你说的办!"他从未否定过我的决策。我不禁想，在那一个晚上，乾恒雄先生究竟在考虑些什么，又是如何考虑的。某天清晨，我按捺不住好奇，就跟他的秘书打听。秘书告诉我："乾恒雄先生昨晚在房间里待到很晚。"我真切地感受到了他对我的信任。

1980年，乾恒雄先生升任OLC的董事长，我升任社长，每当做出重大决定时，我都会按照那个固定模式向他汇报，而他索性连"考虑一晚"的过程都省掉。1988年，当我将收购阪急电铁的"勇士队"（日本职业棒球队欧力士野牛的前身。——译者注）的决定汇报给他时，他明显是吃了一惊，但只说了一个字："嗯!"

乾恒雄先生不是酒豪，晚年喜欢和着柳桥艺者的三弦琴吟唱"长歌"（日本近代本土音乐形式之一，三弦琴伴奏，属江户地方曲艺，正式名称为"江户长歌"。——译者注）。他在82岁时成为名誉董事长，退居二线后迁居大阪，每天都会去趟大阪的总部跟大家打招呼，这一习惯一直坚持到88岁辞世的前一天。至今想来，乾恒雄先生的一言一行仍历历在目，令人钦佩不已。

为庆祝作者（左）就任社长而举行的晚宴

45岁就任社长

任重道远，诚惶诚恐

1980年的12月，乾恒雄先生升任公司董事长，我接任社长。45岁的我是公司里最年轻的董事，但摸爬滚打了这么多年，我深信自身的经验能够让我执掌好这个公司。转而又想到，做了社长就意味着当公司出现重大变故时，我就是那个要负全责的人，不禁还是为此感到心惊。

值得庆幸的是，董事会里的老前辈们都竭尽所能地扶持我这个年轻的社长，写到这里，我的眼前浮现出了河本明三先生、岩井靖先生、榠西省吾先生等人的音容笑貌，乾恒雄先生的那句"出了问题我承担"更是最为有力的"强心丸"。

尽管诚惶诚恐，但我没有因此畏首畏尾，而是不断地扩大公司业务。作为公司最大的"推销员"，我经常满世界地出差，干劲儿十足。但一场意外却悄悄袭来，我在1981年的夏天，不得不回家静养一段时间。事情的起因是这样的。在中国香港出差期间，我牙痛得要命，只好跑到当地的医院就诊,但医院也许使用了别人用过的针头给我打了止痛针。我回国后一直低烧不退,即便是家庭聚餐也没有胃口,在做过身体检查后,没等检验结果出来我就又忙着出差了。但这一次,却被总部叫了回来,并告诉我检查结果是感染了B型肝炎。于是,我一下飞机就被送往圣路加国际医院。

主治医生告诉我,B型肝炎没有特效药,只能靠静养。这真是让我失望的回答。遵照医嘱,我在医院里足足住了一个月左右,出院后也只能在家静养,直到身体内有了抗体。自因肺结核而休学的大学时代以来,这是我第二次请"病假"。身为公司的一把手,我也反省了应该重视、管理好自身的健康。不过在这次以后,我就再也没得什么大病了。

进入20世纪70年代以后,公司多元化发展的路线越走越宽,我作为乾恒雄先生的左膀右臂,直接参与了不少业务的开拓和创立。对于不大擅长的领域,我们采取了与其他公司合资的方式稳中求进。印象最深的是汽车租赁业务。1973年,我们成立了汽车租赁公司,也就是现在的ORIX Auto Corporation。当时,客户强烈要求我们能提供涵盖维修保养在内的综合性服务。为了弥补这方面的经验,我们与大阪的一家汽车维修公司合作,资本金各出一半。

公司也曾考虑过面向个人提供贷款,但又不想搞得跟放高利贷似的，于是选择了和在小额贷款领域经验丰富的法国巴黎银行旗下的公司合作，在1979年成立了一家消费者金融公司，也就是现在的ORIX Credit。为企业法人提供办公室装饰、装修租赁业务的公司同样是以合作的形式成立的，也就是后来的ORIX Alpha。我们还再次请教了老朋友U.S.租赁，用学到的经验成立了为制造业提供可测试机械设备精准度的仪器的租赁公司ORIX Rentec。

同一时期，在商社的投资模式的启发下，我们还正式开始涉足船舶、飞机租赁业务，这在后来成了公司的重要支柱。1971年，我们只是小规模地开始了船舶租赁业务，在日本的建设"船舶王国"道路的带动下，船舶租赁业迅猛发展，在我就任社长的几年后，船舶租赁业就为集团创造了高达30%—40%的利润。然而世事多变，船舶业突然就开始走起了下坡路。

船舶危机

回收所有船只，成立船运公司

20世纪80年代前半叶，可以说全球船舶的财源都掌控在日本手上，银行、商社、租赁公司三足鼎立，占据着全球市场份额的一半以上。然而，船舶市场沉浮不定，1983年，船价突然暴跌，行驶在全球海面上的船只数量明显过剩，船舶的不景气时代到来了。对于OLC来说，这是继石油危机以来的第二次严峻的考验。

对于海运公司来说，不仅是船价暴跌，就连船票和运费都开始直线下滑，自然就交不起租赁费了。公司一方面应客户要求降低了租赁费，一方面派出员工分头前往各地，确认船只的实际情况，万不得已为了回收债权就得将船只运回来。为了抢占先机，我们做出了周密的安排，详细调查了哪艘船将在哪个港口停泊等，并前往管辖地所在的法院提前办好相关手续。最关键的，还是要带一批专业的船员去，以便在依法履行债权回收手续后，可以立即将船上的船员都换成自己人，直接把船开回来。

这次债权回收真是船舶部门的全员出动，有的客户对我们的员工揣着明白装糊涂，还有的客户甚至对我们的员工威逼胁迫。尽管如此，公司上下一心，在桥本悦男的总指挥下，我们打了一场漂亮的"回收战"，所有船只都收回来了。

尽管如此，仍然无法挽回巨额损失，我当时只有一个念头，就是说什么都不能贱卖这些回收的船只，要让这些船只尽可能地多带回哪怕是一分钱的利益。想来想去，最有效的办法就是公司直接涉足船运，于是干脆设立了一家船运公司，也就是后来的 ORIX Maritime Corporation。我们内心里深信，船舶市场的不景气只是暂时的。

当时，日本国内还有不少的大型商社都在这次船舶市场的动荡中蒙受了损失，其商社规模在我们之上，损失的金额也自然在我们之上。有的商社甚至抛售了所有的船只，退出了船舶市场。我们也是咬牙坚持，苦苦地熬日子，终于在几年后等到了船舶市场的景气。如果当初放弃船舶市场的话，或许会勉强地避开一场重大损失，但迎难而上，趁机收购其他商社抛售的船只的话，却能给公司带来利润。全公司在紧要关头众志成城，危机中求商机的硬朗作风，就是这样树立起来的。

在船舶危机的大约 10 年后，日本的泡沫经济破灭了，房地产市场"一泻千里"，再一次令公司受到了沉重的打击。即便是今天，我也不能确定，作为一个公司来说，究竟如何涉足船舶业、航空业、房地产业等沉浮不定的业界，才能减少风险。

20世纪80年代，是日本自经济高速成长期以来的黄金时代，乘着时代的东风，公司发展也一帆风顺，实力不断壮大，业绩日益提升，此前船舶业危机造成的损失也逐渐填补了回来。更为重要的是，公司为发展集团化、多元化打下了坚实的基础。1983年，我们与日本IBM公司、摩根银行联手成立了专门租赁IBM电脑的合资公司。这说明公司的成长已经在全球范围内获得了关注和认可。正是这段时期打下来的坚实基础，让公司在日本泡沫经济破灭的冲击下，也能安稳渡过难关。

日本是名副其实的"造船王国"，让我印象深刻的是，作为租赁公司，我们经常会向造船厂下订单，接下来就要举办一系列仪式，包括开工仪式、下水仪式、交船仪式等，阵容豪华，规模巨大，还要忙于跟船主们交际应酬，迎来送往。

做董事的心得

多考虑投资家的利益

U.S.租赁始终是我们的老师,该公司不仅仅是我们的大股东,更是我们真正意义上的同行和老前辈。在经营方面,我们彼此很有默契。

尽管如此,在20世纪80年代前后,我们与该公司的关系变得有些微妙。伴随着股票价格的增长,有人开始抛售公司的股票。对于公司来说,尤其希望能与自己的老师——U.S.租赁保持良好的关系。为了进一步加强合作,1973年,乾恒雄先生出任了该公司的外部董事。

1978年,U.S.租赁提出要抛售手里的我们公司的股票,但我们无论如何也想和该公司保持资本关系,于是反过来收购他们的股票,成为该公司的第一大股东,有点儿子翻身做了老子的感觉。在我还是公司专务时,就接替乾恒雄先生继续做U.S.租赁的外部董事。U.S.租赁的外部董事里名流云集,有退居二线的银行行长,有哈佛大学金融系教授,还有美国著名律师等,而我是其中唯一的一个外国人。

董事会每季度召开一次，无论工作多忙，我都尽量出席。一般出席董事会的决策层人士最多不超过三人，大多是 CEO、CFO 级别的。会议内容是听取业绩汇报，比如是否按计划如期达成了利润额，没达成的话原因出在哪里，能否有办法重回正轨等。CEO 要一边应付董事会成员提出的一连串尖锐的问题，一边亲自向大家面前的杯子里注入咖啡。

事实上，CEO 在公司里的权力是至高无上的，只要董事会同意，CEO 可以定夺包括高管的人事调动在内的公司所有事宜。当然，权力与责任并重，当公司出现问题时，CEO 也必须担负全责。

时下有越来越多的日本企业也开始有了外部董事，但在大多数企业经营者看来，外部董事就相当于自己的顾问。这和 30 年前，我在 U.S.租赁董事会里所学到的体验截然不同。外部董事的作用不是经营者的私人顾问，而是代表金融市场和资本市场，从投资家的角度向企业提意见。比如在 1987 年初秋，福特公司（Ford Company）提出要收购 U.S.租赁，董事会就是否要将全部控股权卖给福特公司进行表决。U.S.租赁在此之前表示会高额转让，所以希望 OLC 能答应。但因为我们就是想和 U.S.租赁保持资本合作，所以决定投反对票。打定主意后，我又咨询了美国的顾问律师，律师给出的回答是："外部董事在发言前，应该优先考虑全体股东的利益，不能光从第一股东的利益出发。"

这番话着实让我吃了一惊。我自己做了那么多年的外部董事，却首次真正意识到作为外部董事的责任。在后来的董事会上，我没有投反对票，而是选择了弃权。U.S.租赁还是被福特公司成功收购了。不过从结果上来看，将U.S.租赁的股份都卖给福特公司是个上上策。因为就在那一周后，纽约证券交易所的股票开始暴跌，就是著名的"黑色星期一"。

虽然在欧力士集团的发展历程中具有特殊意义的U.S.租赁消失了，但其最后一任CEO，D.E.满德先生直到今天也是我们欧力士的美国顾问，是不可或缺的存在，也是我们与曾经的U.S.租赁的见证人。

扩大聘用名额

最早开始重用女性员工

在外界看来，欧力士集团似乎显得古板严肃，但只有我们的员工最清楚，这个外界印象实在是不靠谱。正因为我们是个重感情的和睦的大家庭，所以才能取得前瞻性的发展，才有了今天这样的规模。

20世纪80年代，日本经济恰逢"涨潮"期，发展势头强劲。对于我们来说，这无疑是令人欣喜若狂的"顺风"，谁又能料想到，随之到来的是泡沫经济破灭的"台风"。只有40多岁就成为社长的我，在优越的经营环境里，大刀阔斧地前进了。伴随着业务的不断扩大，公司内部一直处在人手不足的状态中，一年录取一次应届毕业生都无法满足人员需求，就开始大幅录用有工作经验的求职者。有工作经验的人不需要长期培训就可以投入"战斗"，对公司扩大业务很有利。即便如此，人员的补充仍然赶不上公司的成长需求，我们又开始积极雇用女性职员，当然不是再让她们端茶倒水，而是给她们和男员工完全平等的待遇。

1982年是公司历史性的一年，我们是从那年开始雇用四年制大学的女性应届毕业生的，比日本政府实施《男女雇用机会均等法》要提前了整整四年，可以说是走在了时代的前面。不仅如此，从1988年开始，公司又率先推行了产假和育儿假，依旧是"敢为天下先"。一开始，公司的做法遭到了内外的共同抵制，有内部的营业部的科长们明确摊牌："我们的部门不需要女性。"也有来自外界的质疑声："为什么派个女人过来谈事情？"

那时日本社会已经不像从前那样轻视女性了，开始崭露头角的女员工人数日益增多。但令我感到不甘心的是，公司已经超前地实行了男女平等的工作制度，却还没有出现一名女性高管。虽然我们给女员工们安排的都是有升职加薪机会的综合职务，但她们大多数都在结婚后或生子后辞去了工作，回归家庭。更令我感到遗憾的是，不少才华出众、被公司当作重点培养对象的女员工也在中途辞职了，其中还包括距离高管职位仅一步之遥的人。不管怎样，我依旧对女性高管的出现充满了期待。

一般来说，综合职务的员工升职加薪的机会多，岗位调动的机会也多，但为了照顾女员工，我们公司还设置了不会被调动岗位的综合职务，尽管工资要比有调动的人低一些，但很受女性员工的欢迎。安倍政权在体制改革中推行"限定型正式员工"，（指固定工作地点、时间、内容的正式员工，也称为JOB型正式员工）我们公司的这种安排，可以说是"限定型正式员工"的雏形。

1994年，公司还开始雇用中老年人，比如聘请一些地方银行的退休员工在当地的分公司里工作，让其迅速发挥在人脉关系和工作经验上的优势。我们还雇用了不少外国员工，他们肤色不同、国籍不同，为这个大家庭增添了更多的色彩。我们始终坚信，不分男女老少，不问国籍出身，不拘一格地兼容并包，才能碰撞出更多的智慧的火花。用现在的话来说，就是通过多元化经营，创建大熔炉式的职场。

世界是一个大舞台，公司要发展国际化，也要做到与众不同。我们的海外业务几乎都是在现地进行，与日本国内没有太多的直接关联，所以公司更多的是将主导权交给海外的具有"欧力士精神"的员工，尽可能地不派日本籍员工过去，彻底实现本地化管理的方针。多年的经验告诉我们，日本人很难在美国以及亚洲其他国家的金融市场打造自己的业务网，尤其是在美国的华尔街里，更是难上加难。

独特的海外经营战略为公司的发展创造了丰硕成果，有效地巩固了海外市场基础。沙特、迪拜等波斯湾沿岸的市场开拓工作，也全权交由欧力士巴基斯坦分公司的当地员工来负责。如今，欧力士集团在海湾国家市场中形成了独特的地位，我很看好今后的发展走向。

收购球队

在仰木教练的带领下勇夺二连霸

20 世纪 80 年代,我们多元化经营的领域越拓越宽,已经不再是单纯的租赁公司了。OLC 究竟是干什么的?这个就连我都很难回答了。

1986 年春天,公司内部又新设了一个部门,重新定义公司的形象。我们并不打算换名字,但为我们制定品牌化路线的顾问公司却说,"最好去掉 Orient Leasing Co., Ltd. 里的'Lease'。"经过筛选,最终候选名只剩下"ORIX(欧力士)"和"OLC"了。坦率地说,两者不分伯仲,只能破天荒地将这件事交由董事会投票决定。投票结果出来一看,这两个名字居然打了个平手,最后还得我拍板决定。就这样,从 1989 年 4 月开始,公司正式更名为"ORIX(以下全部为欧力士)",由象征独创性的 ORIGINAL 和象征多样性的 X 组合而成,寄托了我们想进一步扩大公司知名度的美好愿望。

在公司更名前,还发生了一件意外的事情。那是 1988

年8月的下旬，三和银行集团组织了一次考察旅行，我们派出了大阪营业部的西名弘明代表参加。在活动中，参加者们饶有兴趣地聊起大荣公司要收购职业棒球队南海鹰队的事，西名弘明也插了一句："要是我们公司也有一支职业棒球队的话，公司名字也一定会无人不知的啦。"

说者无心，听者有意。大约是在半个月后，西名弘明就接到了三和银行打来的电话，询问我们对职业棒球队勇士队有没有兴趣，说是阪急电铁正在寻找新的买家。虽然我对此有些将信将疑，但也毫不犹豫地告诉他们，我们非常感兴趣。就这样，欧力士拥有了自己的职业棒球队——欧力士勇士队。在1989年的赛季中，冠上欧力士之名的勇士队，一口气连胜了8场比赛。虽说是公司成立以来的第一次"冲动性"收购，但结果还是大快人心的。

阪急电铁开出的转让条件之一，是必须将西宫球场作为主场使用。但令人头疼的是，甲子园球场的阪神大战每次都座无虚席，而西宫球场却门可罗雀，西宫市还时常把西宫球场作为自行车比赛场地使用。在我作为球队的新主人前去西宫市政府礼节性拜访时，市长竟然嘱咐我说："在作为棒球场使用的时候，要先照顾到自行车比赛的日程。"我心想："这样长久下去肯定不行！"

于是，1991年，我们将球队主场迁到了神户绿色体育场，球队也更名为欧力士蓝浪队。在1993年的赛季结束后，我听说近铁的主教练仰木彬先生辞职了，就立刻请他到欧力士蓝浪队执教。仰木彬教练和我同岁，直觉告诉我，他是一个很有人格魅力的教练。在仰木彬教练接手后的1994年赛季上，欧力士蓝浪队勇夺太平洋联盟第二位，铃木一朗队员还创下了210安打的新纪录。

不幸的是，1995年1月17日，神户和淡路岛遭遇了7.3级大地震。身在东京的我，看到了这场灾害后家乡的惨状，感到心痛不已。神户都以为我们再也不会把那里当作主场了，但幸运的是球场设施的损坏并不严重，为此，我决定比赛要在神户如期进行，地震给人们带来的心灵创伤和精神打击是难以弥补的，一场精彩的赛事或许能激发当地人的斗志和信心。

在比赛中，欧力士蓝浪队喊出的口号是"加油！神户"，神户民众也都纷纷走进赛场为我们呐喊助威。9月19日，球队不负众望，以8∶2战胜了西武队，夺得了联盟决赛的冠军。同年，我们"加油！神户"的口号还入选了日本的年度流行语大奖。遗憾的是，在后来的日本大联赛中，球队以1∶4败给了养乐多队。

在球队全体的不懈努力下，在家乡球迷的热情支持下，1996年9月23日，欧力士蓝浪队实现了联盟联赛二连霸。在日本大联赛中，球队也以4∶1战胜了巨人队，一雪前耻，整个球场都充满了欢呼声，队员们兴奋地将我抛向了

空中。这是我们球队第一次荣获日本职业棒球大联赛总冠军。

1996年，击败巨人队，获得了日本大联赛总冠军（前排右一是作者）
照片由 *Daily Sports* 提供

泡沫经济崩溃

谨慎行事保住命脉

事业和人生一样，有高峰也会有低谷。从 1993 年 3 月起，欧力士集团收益连续 3 个财年不断减少，创下了历史新低。不用说，这就是日本泡沫经济破灭造成的。

在非银行金融机构和证券公司、银行等都相继宣布破产的情况下，欧力士还能侥幸逃过这一劫，恐怕要归功于我们新业务的开拓。直到 20 世纪 80 年代中期，我们都在大力开拓房地产金融，向做个人住宅贷款的企业提供不动产贷款，当时投资小型单身公寓也很热。顾问公司曾建议我们，应该把国道一号线两边能买的房子都买下来，我们认为这不是干事业的做法，在被我们拒绝后，又建议应该试着经营单身宿舍，我们是从 1986 年正式将经营单身宿舍也纳入业务范围的，可惜没能做大做好。

因为在 20 世纪 80 年代后期，整个日本金融界开始了租赁公司、住宅金融专门公司和银行三方上演的"三国演义"。恶性竞争的结果就是放宽了贷款条件。有的非银行金融机构甚至推出了为期100年的住房贷款。

我们自然也不能幸免地卷入了这场恶性竞争。不过一位银行行长的话让我如梦初醒,他说:"日本银行如此放宽金融,物价却迟迟没有上涨,这太不正常了。"所以在其他公司都一片乐观积极的大形势下,我采取了截然不同的态度,对房地产抵押一律保守估价。

看到金融市场上的恶性竞争愈演愈烈,贷款条件越放越宽,我感到心惊胆战,眼见着就到了市场极限,于是下达内部指示,减少房地产金融业务。这个指示遭到了以房地产部门为首的一致反对,他们眼睁睁地看着业内同行都在大刀阔斧地抢着干,所以越发不能理解我的想法。即便这样,我也没有让步,还有几名员工甚至为此辞职,跳槽到竞争对手的公司,或是自己独立做了老板。对于自己没能说服他们留下这件事,我至今都有一种负罪感。

因为我们比其他同行早一年撤出房地产市场,所以在泡沫经济破灭后也能保住命脉。现在想来,我能下此决定,全凭直觉,也可以说是上天赐予的好运。在泡沫经济时期,还出现了很多脱离常规的荒唐事。比如有证券公司的高管一个劲儿地劝我多投资,还答应只要我肯掏钱,就给高额回报。我要求对方出一份书面保证,对方说出不了,但可以在名片上写上一句。当然,我是不会碰这类的投资理财项目的。

泡沫经济破灭后,金融业也面临崩溃,很多业内同行都破产了,银行也跟着遭殃。泡沫经济的生成,是国家政策的一大失误,然而让泡沫经济突然破灭,则是更大的失策。不仅如此,在泡沫经济破灭后,政府不愿正视错误,长年无所作为,导致财政赤字扩大,引发慢性通货紧缩。这些终于使日本经济陷入了长期停滞的状态。历史的教训再次告诉我们,一旦掌舵经济的人转错方向,国家就会走向沉沦。

纽约上市

展现日企的活力

泡沫经济破灭后，日本经济陷入长期的低迷状态。在经营职业棒球队的过程中，我有了新的目标，要更好地发展日本的职业体育，让职业体育扎根日本。目前，对于一家企业来说，棒球队固然能带来很好的广告宣传效果，但还看不到具体的商业价值。日本的职业棒球和美国 MLB 的区别恐怕就在于此吧。

事实上，日本的职业棒球也有过一次改革的机遇。比如 2004 年，近铁公司决定放弃野牛队，大荣公司经营也陷入困境，鹰队的去留问题成为全社会关注的焦点。要想让职业棒球扎根日本，首先得打破中央联盟和太平洋联盟的壁垒，实行统一联赛制，如果近铁和大荣撤出的话，中央联盟和太平洋联盟加在一起就是十个球队，统一联赛制有望实现。然而就在这个时候，软银的孙正义社长提出要收购鹰队，谁也不想看到太平洋联盟变成五个球队，于是活力门的崛江贵文社长站出来表示要收购野牛队，乐天的三木谷浩史社长也宣布要创建一个新球队。在这样一种情况下，我跟近铁提出合并双方旗下的球队，并同意合并后也继续沿用野牛这个队名。12月，欧力士野牛和东北乐天金鹰诞生了，这就意味着统一联赛构想的破灭，日本职业棒球的体制没能得到改变。

欧力士集团在日本国内已是名声大噪，但我的梦想，是要让欧力士集团发展成为真正的国际化企业，伴随着外国股东的不断增多，我逐渐意识到应该让公司在纽约证券交易所上市。

欧力士早在1981年就通过了美国证券交易委员会的审查，当时考虑到纽约股价急剧回落，整个金融环境都不太理想，就一度中断了上市计划。1998年，欧力士彻底摆脱了泡沫经济"后遗症"，并安稳渡过了1997年的亚洲金融危机，业绩重回正轨，纽约上市的时机到了。

1998年9月16日上午9点30分，这是欧力士里程碑式的一刻。我在纽约证券交易所亲手敲响了交易钟。在华尔街看来，日本长期笼罩在泡沫经济的阴影下，已经成为"经济低迷国"的代名词。如今，正是这样一个国家的企业在纽约成功上市，令华尔街感到震撼，同时又对此表示了由衷的欢迎。

欧力士纽约上市的消息吸引了所有媒体的眼球，采访要求应接不暇，我不得不在各电视台、报社之间连轴转，上市当天就接受了14家媒体的采访。媒体在采访中问的最多的问题莫过于"为何选择在市场不稳定的时期上市","金融环境脆弱的日本企业是如何做到这一点的"。对此，我反复强调了两点：不能光拘泥于眼前，要目光长远，上市是为了未来发展；日本经济的确遭受过重挫，但仍然不乏充满活力的金融企业。

继当时的东京三菱银行后，欧力士成为第二家"登陆"纽约证券交易所的日本金融企业。从国内环境转为国际环境，机遇与挑战并存，便利与约束同在。一旦上市，公司必须遵守美国财会标准、设置外部董事、履行社会责任等。然而，把企业放入条条框框里也并非坏事，能够在为国内外的投资者创造安心的投资环境的同时，促进欧力士自身的完善和发展。

雷曼危机

正值新老社长接替

时光催人老。转眼到了 2000 年 4 月,我将担任了 20 个春秋的社长职位交给了常务藤木保彦,自己改任董事长兼 CEO（最高经营责任者）。藤木保彦遇事沉着冷静,颇有头脑,时年 54 岁,比我刚好小 10 岁。

从 20 世纪 90 年代开始,欧力士加快了业务多元化的发展步伐,同时通过收购、合并的方式,积极进军传统的金融领域,1991 年,欧力士合并美国联邦奥马哈生命保险公司,成立了欧力士生命保险公司；1995 年,欧力士收购茜证券公司,成立了欧力士证券公司（后与 MONEX 证券公司合并）；1998 年,欧力士收购山一信托银行,成立了欧力士信托银行（现在的欧力士银行）。

除资产运营业,欧力士在综合金融业界的地位越来越稳,越来越高,仅靠我一人之力,已经很难顾全如此之大的发展规模,于是就启动了"宫内 & 藤木体制",在运营上又迈出了新的一步。藤木保彦对待工作全力以赴,努力填补我鞭长莫及的领域。我对他的进一步成长充满了期待。

令人意想不到的是，2007年末，藤木保彦对我表示，自己无力担任我的接班人，决定就此引退。虽然我百般挽留，但是他去意坚决。2008年1月，我将曾担任朝日银行行长的梁濑行雄由副社长提拔为社长，我们俩一开始就着手考虑下届社长的人选事宜。

当把接力棒传到藤木保彦手上时，我就重新考虑了引退的问题，我实在无法想象自己过了70岁还坐在一把手的位子上。然而正在这个时候，又一场大风暴劈头盖脸地袭来——雷曼危机。尽管我也知道美国房地产泡沫正"如火如荼"，面向低收入阶层的住房贷款多出现死账，但依旧是怀着一种隔岸观火的态度，没能做到未雨绸缪。2008年9月，日本的经济大臣只是轻描淡写地表示，雷曼危机对日本造成的影响，就如同被蚊子叮了一下。然而事实远远超出我们的预测和想象，企业纷纷选择回避风险，引发一连串的连锁反应，欧力士的营业收入一下子暴跌至原来的十分之一。

形势逆转直下，我与梁濑行雄社长站在了防守战的第一线，股价的急剧下降对欧力士造成了极大的影响，但更令人头疼的是房地产市场的恶化，背负不良债权的客户相继破产，令利润大幅缩水，直到今天，我感觉欧力士还没能完全从那场噩梦中走出来。

雷曼危机的经验教训告诉我，金融市场是一个大舞台，一旦舞台垮了，单枪匹马的企业是难以幸免的。好在惨痛教训的最大意义便是促人改进和完善。以这次金融危机为契机，欧力士清醒地认识到，迄今发展起来的贷款业务很难有进一步成长的空间，今后应该全力开拓的领域有两个标准：一是能提高客户服务的附加值；二是能提高投资业务的专业化。

2011年1月，雷曼危机逐渐平息，作风务实、行动力强的井上亮就任了欧力士的新社长，开始统筹全局。他拥有非常丰富的海外经验，上任后备受瞩目，可以说得上是德才兼备，近乎完美。

经济同友会
为当局建言献策

除金融，欧力士也开始涉足其他领域，比如经营旅馆，经营高尔夫球场，举办音乐会，经营水族馆等。这些领域都需要自己培养高水准的专业人才，否则很难成功。欧力士在环保、新能源、废弃物领域也需要专业人才，虽然这些领域只占欧力士集团的一小部分，但我期待有朝一日能看到它们开花结果。

欧力士的最新动态，就是以 2500 亿日元的价格收购了荷兰的资产运营管理公司荷宝，收购价格创下了欧力士的历史之最。这是一个通过手续费获得收益的业务，是欧力士的又一项全新的挑战。就这样，欧力士集团从未停止过创新，为自身实现可持续发展注入着新鲜的血液，自创业以来，除了刚刚起步的第一年外，一直都保持着黑字经营。今后，欧力士也会进一步提速，追赶世界潮流，保持灵活性和柔韧度。

自就任以来，我始终以全力推动欧力士发展为己任，一刻也不敢松懈。1985年，在"知天命"之年，我遇到了一次转机，乾恒雄董事长把我介绍进了日本经济同友会。在此之前，我都是站在一名金融业经营者的角度来看待社会问题的，是经济同友会里的同人为我开阔了视野，赋予我新的观察视角。

在参加日本经济同友会后，我结识了许多良师益友，包括时任经济同友会代表干事的日产汽车公司董事长石原俊先生、日商岩井公司董事长速水优先生等，从他们身上，我学到了许多宝贵的东西，牛尾电机公司董事长牛尾治朗先生所提倡的"市场主义宣言"，也唤起了我极大的共鸣。

1994年，我被任命为该会副代表干事，从此一干就是十年。在这十年期间，我一边学习国家体制、政策，一边在此基础上向当局建言献策。经济同友会的意见和建议能够直达政府中枢，同时也让我结识了很多评论家。尤其是和永野健先生、品川正治先生、今井敬先生、椎名武雄先生、诸井虔先生、小林阳太郎先生、茂木友三郎先生等人的交流和探讨，我实在受益匪浅。

经济同友会对于国家政策的影响是不容忽视的。当就大米政策提交了书面报告后，农业大臣立即中断了记者发布会；当就教育改革提出建议时，文部科学大臣亲自赶到了。这些经历让我意识到，对于国家和社会来说，经济界还有着如此重要的存在价值。无论是谁，都应该为国家、为社会做出应有的贡献，但前提是要有一定学识，有独立思考的能力。

不知不觉间，我将越来越多的时间用于社会活动。这些活动既是钻研学习、提高自己的机会，也是为社会做贡献，但又的确与自己的本职工作毫无关联。对于如何分配时间、把握平衡，牛尾治朗先生给出的答案是："一定要坚持一半一半！"我直到今天也在遵从着这句话。

体制改革

遭到老官僚们的强烈反对

在经济同友会里提出的意见和建议,逐渐受到了执政当局的关注和重视,并且让我有机会参与制定国家政策的过程之中。比如1993年至1994年,我担任经济同友会里的"思考现代日本社会委员会"委员长,当时的提案直接推动了日本进行司法制度改革。

日本社会上有很多纷争和矛盾,但真正能依靠司法解决的仅在两成左右,其他的八成要么是受害者打碎门牙和血吞,要么是求助于地方政府,还有的不得不借助黑社会的力量解决。为了能让苍白无力的"两成司法"发挥原有的作用,成为受害者真正的"靠山",那段时间里我整天沉浸在激烈的辩论和探讨中,疲惫却又充满了斗志。

进入21世纪,日本司法改革取得了不少成果,包括创立法科大学院、司法考试合格人数提升至3000人等,这些都离不开"思考现代日本社会委员会"的提言和助推。但如今,司法改革似乎有了走回头路的倾向,我希望政府和有关人士能够回到原点,想想改革的初衷,重新做出判断。

助推体制改革的道路比想象中更加长远,反而成了我毕生的事业。在发达国家中,日本推进结构改革和体制改革的历史不比其他国家晚,"三大公社"(国有铁路、专卖公社、电信电话。——译者注)民营化改革更是走在了时代前头。但是到了20世纪80年代,日本的经济顺风顺水,政府也开始满足于现状,改革的步伐停滞了。

1990年,海部俊树政成立了"临时行政改革推进审议会",由日本经济联合会(简称"日经联")会长铃木永二

2001年,作者(右)向小泉纯一郎首相提交报告

担任审议会会长。1991年2月,又在此基础上成立了"幸福的生活部会",我有幸入选委员之一。这是我与日本体制改革事业的第一次亲密接触。

"幸福的生活部会"会长由细川护熙先生担任,他在两年半后成了日本首相。细川护熙先生有着丰富的地方工作经验,对于国家体制的弊端也深有体会。他在做熊本县知事期间,计划将一个巴士站点移动10米,却被告知必须得有东京的中枢部门的盖章。因为有过这样的经历,所以他是一个不折不扣的体制宽松论者,理想是让日本变得更加民主、自由。然而,实现理想的道路上布满荆棘!

"幸福的生活部会"里,有一半委员是来自民间的经济界人士、媒体人士、学者,另一半委员是来自日本政治中枢,担任过相当于副部级干部的老官员。但凡有来自民间的委员提出应该放宽航空业,放宽酒类的生产、销售等建议时,那些来自日本政治中枢的委员就会站出来唱反调。

提出放宽航空业,就有运输省的退休老官员反对,提出放宽酒类许可,就有大藏省的退休老官员反对,而且反对的理由统统都是长篇大论。最后,推进方和反对方的理由都被写进了报告书,没有一个最终的结论,改革自然也无法推行。作为委员之一,我对此真是愤慨至极。比我更为愤慨的,是细川护熙。他选择在宫泽喜一政权开始后的1992年5月,辞去了会长一职。这个部会就这样在没有取得任何成果的情况下解散了。

然而细川护熙的经历并没有白费，在其执政后，又重新建立了体制改革推进委员会，并把老官员们都屏蔽在了组织外。委员会提出的建议直接由内阁审议表决，为日本的体制改革推进工作奠定了基础。

1994年3月，经济同友会代表干事速水优向细川护熙（右）亲手递交了"紧急谏言书"

改革之路

举步维艰

在细川护熙政权下,体制改革推进委员会终于摆脱了老官员们的干扰,完全由民间人士组成。解决内部构成问题,仅仅是体制改革的第一步,接下来更为严峻的是,委员们要亲自与国家各部门直接交涉。

委员会的运营管理由政府事务局直接负责,而各委员直言不讳的发言将直接影响到改革本身。这是其他政府审议会所没有的特色,相信今天的体制改革推进委员会也依旧能继承这个传统。

20世纪90年代中期,体制改革推进委员会终于有了实质性的成果。1994年4月,委员会里成立了一个"放宽管制小委员会",由日本IBM董事长椎名武雄担任委员长。该小委员会成立伊始,就将有关放宽管制提议提交给了村山富市政权,助推首相加快改革的步伐。

1996年3月,在桥本龙太郎政权的主导下,内阁决议通过了改订版的放宽管制推进计划,对11个领域的共1797

个项目进行了改革。而既得利益群体和支持该群体的国会议员们则开始了对改革"始作俑者"——椎名武雄委员长的集体攻击。在反对派的强大火力下，椎名武雄委员长因身体不支而卸职，担子落到了我的肩上。在此后的11年间，我连续担任了该组织的委员长和议长，不断推进日本的行政改革工作。

我们首先推进的是放宽、废除那些落后于时代的，对民间经济活动的管制，并取得了可喜成果。比如手机从租借变成了可自由购买，大都市圈中心部容积率的缓和，金融机构从金融市场融资手段的多样化等。1999年4月，小渊惠三政权将管制政策的关键词由"放宽"改为"改革"，不单单是废除、放宽管制，还强化了禁止垄断法，推进企业进行信息公开化，打造一个公平合理的市场环境，为经济活性化奠定了基础。

伴随着中央政府机构改革重组工作的开始，我被任命为综合体制改革会议的议长。没过多久，小泉纯一郎就坐上了日本首相的位子。他一上台就高举着结构改革的大旗，可以说是历届日本首相里最为支持改革的。这一时期的改革主题是日本的医疗、教育和公共服务，开始与旧体制硬碰硬。有很多人以医疗、教育等社会性体制决不能屈从于市场经济为由，对改革进行了猛烈的抵制，然而最大的"拦路虎"则是受坚如磐石的旧体制庇护的既得利益群体，他们不愿放弃手里的实惠。在记者发布会上,有人问我改革的进度如何,我回答:"正在缓步前进。"但说实话,我还感觉不到改革在前进。

反对势力
诡计层出不穷

我自20世纪90年代起助推日本体制改革，一晃已经过去了20年，但这个过程没有给我留下什么美好的回忆。体制改革的目的在于提高经济效率，为国民创造一个更为富足的社会环境。先发现阻碍效率的要因，再围绕其社会性展开讨论，最后找到一个积极合理的改善方法。然而改革的进程在遭到阻力时，很容易沦为政治斗争的饵食，比如有人试图将我拉下马。

在综合体制改革会议里，流传着一份名为《下任体制改革会议的机制草案》的报告，里面赫然写道："2005年夏天将推举日本邮船的董事长草刈隆郎做议长，让宫内下台。""由日本改革担当大臣设宴邀请宫内、草刈、经团联会长，并在宴会上确认此事。"报告上的日期是2004年2月20日，但是作者不详。

草刈隆郎先生是自2004年加入综合体制改革会议的，担任统筹调查主任一职，一直都非常支持我的工作，报告中涉及的议长中途更迭一事，对于我俩来说都是晴天霹雳。在改革的浪潮中奋力前行的我，原本是要突破阻力的，结果险些被阻力给撞飞了。

反对势力为了拉我下马，简直是花招百出，比如某担当大臣悄悄对小泉纯一郎首相透露："宫内好像去意已决。"还有人貌似以共同抗议反改革派为名对我说："咱们一起辞职吧！"政治家们玩起这些手段来，简直让人应接不暇。

反对势力之所以要拉我下马，削弱会议力量，正是因为改革的步伐让他们感到了威胁。好在小泉纯一郎首相不受蛊惑，经济财政大臣竹中平藏非常支持我，而且大多数委员都在忘我地推进改革事业，长期担任代理议长的铃木良男先生也总是能提出很好的建议，八代尚宏先生、八田

2006年，作者（左一）在综合体制改革会议上致辞

达夫先生、福井秀夫先生更是为改革推进派打造了强力的阵容。川口顺子女士也始终坚定地支持着改革。

伴随着改革的深入,反对势力不仅攻击我个人,还开始攻击欧力士,说什么宫内助推的解禁混合诊疗的改革,能给民营的保险公司带来商机,让欧力士旗下的保险公司从中获利,这是假公济私。2004年秋天,事态进一步恶化。某地方城市的医师会在全国发行的报纸上打广告,称"看似为民造福的解禁混合诊疗,不过是为了迎合一小部分人的私利的改革"。这真是让我哭笑不得!如果我真的那么想发展保险业务,何必做什么议长,把所有时间和精力都用在欧力士上不就行了。

凭良心说,在助推体制改革的过程中,我从来没有考虑过公司的利益!体制改革的意义,正在于将被一部分人死死握住的特殊利益分放到全社会。综合体制改革会议的提案,都是大家群策群力的结果,并且由各领域的担当委员直接与主管部门和有关行业交涉,哪容我独断专行?更何况各个委员都身经百战,假如我有意谋私,他们又怎么会这么多年都对我鼎力支持?真是欲加之罪,何患无辞。反对势力所带来的负面影响是巨大的,欧力士的客户里也有不少对改革持反对意见的。那段时间我一去欧力士,就能听到有客户取消合作的汇报。这令我的心里五味杂陈,难以言表。

村上基金事件

人才派遣公司 THE R 的社长奥谷礼子女士,是我在综合体制改革会议里的"战友"之一。1998年末,她约我吃饭,说要给我引荐一位有骨气的年轻官员。这位看上去不到40岁的通产省官员在席间对我说,如果经营者更加规范的话,日本特色的资本主义将比现在发展得更好。我回答他,话虽在理,但仅靠一个人声嘶力竭地呼吁,恐怕难以成事。

不久后,他单独来拜访我,并告诉我他已经弃政从商,想成立一个基金,希望能得到我的帮助。这个人就是后来名噪一时的村上世彰(中国媒体曾用"日本股神"形容他。——译者注)。

我觉得年轻人有想法,就应该帮一把,于是用欧力士旗下的处于休眠状态的分公司帮他成立了公司,但是完全不参与基金运营,只是向其公司注入了少量资金。之所以没有全力援助他,是因为我觉得他是一个有想法的人,应该靠自己打拼。在村上世彰的宣传下,有不少经济界人士、老官员和从前的政界朋友都与之产生了共鸣，提供了资金。

刚开始，村上世彰还偶尔到欧力士登门拜访，谈谈自己的想法，但伴随着媒体出镜率的提高，欧力士的门前再也见不到他的影子。2006年，曝出了村上世彰内幕交易的丑闻，就连给他投资的企业和个人都受到了舆论牵连，欧力士自然也被卷入其中。反对势力甚至将欧力士给村上基金注资的事情和体制改革混为一谈，散播谣言。直到今天，我也不知道都有哪些人参与其中，也无法掌握整个事件的全貌。

如果村上世彰一步一个脚印地发展，或许能给日本的企业带来积极的影响。但遗憾的是，他成了改革不可行的否定性象征。与此同时，整个社会对于体制改革的反对也达到了顶峰。这一年秋天，就在小泉纯一郎首相卸任前夕，执政党内还出现了应该给综合体制改革会议大换血的意见。听闻此事，我十分焦虑，一旦全体委员都被迫辞职，那改革的火种还能不能保留？时任总务大臣的竹中平藏给了我一个建议："不如在任满到期前闪电式辞职，让草刈隆郎先生来接任议长。"

同年10月，竹中平藏大臣的建议奏了效，成功避免了委员们集体"下课"的事态出现。我则告别了长年助推的体制改革事业。日本邮船的董事长草刈隆郎先生，在第一次安倍晋三政权、福田康夫政权、麻生太郎政权以及民主党执政期间，都担任了议会议长一职，他在助推体制改革的道路上所吃过的苦头更甚于我。每想到此，我也不免心生歉意。

  我可以自负地说，在助推体制改革的事业上，我不懈努力，毫无私心。对于那些反对势力的主张，我至今也无法理解。面对他们的歇斯底里，我不止一次地想反问："这样的话你们怎么说得出口？"但每每话到嘴边自己又咽下去了。有理不在声高！

简保旅馆风波

在我离开综合体制改革会议之后，又一个让人难以接受的意外，使欧力士处在了风口浪尖。那就是因要收购简保旅馆，欧力士受到了舆论攻击。

2008年12月，日本邮政要出售旗下的每年亏损几十亿日元的9家简保旅馆，选择了欧力士集团为转让对象。这个消息刚公开不久，日本的总务大臣就出面喊停，理由是"国民们可能会认为政府故意作弊，安排当过综合体制改革会议议长的宫内先生主导日本的邮政民营化"。

这是一个多么牵强又令人无法理解的理由呀！日本的媒体更是故意抹黑欧力士，凭想象散播谣言，什么欧力士故意低价收购公共设施，想趁机大赚一笔，还有说什么欧力士的宫内义彦和日本邮政的西川善文是狼狈为奸。虽然我本人支持小泉政权的邮政民营化，但这个问题从没有拿到体制改革会议上探讨过，何况简保旅馆的转让属于房地产买卖，而且是在经过了一番严正的竞拍后的结果。欧力士的中标价格约为109亿日元。经过公司估算，为了改建旅馆设施，可能还需要投入250亿日元。而且在收购9家旅馆的同时，还要继续沿用现有的旅馆员工，人数在600以上。说实话，要想让旅馆扭亏为盈，并不是件容易的事情，而且还很可能是笔赔钱的买卖。

我和日本邮政的西川善文先生并不十分熟络，却被报道成那种亲密的、可以一起搞阴谋诡计的关系。对此，我除了愕然，还是愕然。最终，欧力士和日本邮政的合同解除了。日本邮政委托第三方委员会调查了整个竞拍过程，什么问题也没有，欧力士的清白被证实了。但这些马后炮又有什么用呢，这场舆论攻击已经严重损害了欧力士的名誉。在这次风波后，简保旅馆依旧连续多年亏损，成了国家财政的一个沉重的负担。最近听说又要对外转让了，真是令人感慨啊！

20世纪90年代，可以说是日本体制改革的鼎盛期，桥本龙太郎提出了"金融制度大改革"的改革计划，借鉴民间的智慧、创意和技巧，始终走在了改革的最前沿。我在桥本政权期间，切身地感受到了改革的步伐在前进。反而是小泉纯一郎执政期间，舆论炒得是沸沸扬扬，动不动就说改革碰壁了，但实际上改革的步伐根本就没能迈出去。特别是在医疗、保育、教育、农业等领域，改革的道路屡屡被固有体制拦截。这再一次让我认识到，有些人为了维护既得利益简直是不惜一切。

尽管如此，我依旧愿意尽力打破这如岩层般坚固的制度，在众多反对声中，讨论进入了最后的阶段。遗憾的是，直到今天，这些领域的改革也未能有所前进。2002年2月，综合体制改革会议委员之一的川口顺子女士就任了日本的外务大臣，在外务省内成立了一个"改变会"，邀请我做议长。以生田正治先生为首的各位委员都热情高涨地建言献策。不出意料的是，在外务省里，官员们也同样抗拒改变。

事实上，在小泉政权期间，体制改革会议并不像外界宣传的那样，"发挥了显著的作用"，而是撞到了"岩层"上进退维谷。安倍政权也将体制改革置于成长战略的最中心位置，想要大步流星地走下去唯有打碎这"岩层"才行。安倍晋三，就看你的了！

未来是属于你们的

一说到体制改革,我就有些热血沸腾了。其实在平时,我是一个喜欢安静的人,空暇时间要么读读书,要么听听古典音乐。说到古典音乐,目前,我正担任着新日本交响管弦乐团的理事长。这个乐团是由日本著名的音乐指挥家小泽征尔先生一手创办的。只是和名气不大相配的是,乐团财政状况不容乐观。为解决这个问题,乐团寄希望于企业和个人的捐款,但事实上还没有切实的着落。

教育,也是我关注的领域。我还在担任日本 21 世纪大学经营协会的理事长,该协会的宗旨是探索和促进日本私立学校的经营和发展,提高学校的国际竞争力。然而坦率地讲,这项改革进展也十分缓慢。我还关注日本地方的发展。目前,我与大金工业的董事长井上礼之先生同在冲绳恳谈交流会中,承担起了本岛与冲绳两地经济界的桥梁作用,希望能为冲绳的地方发展做出一些贡献。此外,出于家族信仰的原因,我还担任了西本愿寺的总代表,这是一个潜下心来学习佛教文化的好契机。

在过去几十年的事业道路上，我结识的良师益友数不胜数，经常出席经济界人士、文化界人士、政治界人士的座谈会。有的座谈会是觥筹交错，畅饮畅谈，有的座谈会是正襟危坐，交流读书心得。由同龄人组成的"初亥会"也充满了欢乐，扶轮社（Rotary Club）的活动也很有意义。

体育活动也扩大了我的交流范围。无论是高尔夫还是网球我都能来一手，作为棒球迷更是老资格了。在就任了欧力士的社长后，我还多次参加东西财界棒球交流大会。不要小看了这个比赛，里面不乏当年在甲子园棒球大会和东京六大高校棒球联赛里都露过脸的人物。他们还爱问我："宫内先生，你打过多少年的棒球啊？参加过哪些比赛啊？"而我只能笑着说："我啊，业余的！"

2014年，是欧力士的50岁生日。半个世纪前，我是聚集在简易办公室里的那13名建社元老里最年轻的一个，但从那个时候开始，我就有了"这是我的公司"的意识。这不是要把公司当成私人物品的意思，而是一种既然接下了成立新公司的重任，就得给它办成了并且办好了的信念。

作为公司的领导人，我早就过了"保鲜期"了。但我与欧力士的情分却永远也不会断绝。趁着自己还硬朗，我要将事业的接力棒稳妥地递交到接班人的手上。从此，我要退居二线，而未来，是属于你们的！

回味岁月，我出生于一个三世同堂的由七个人组成的家庭里，是家中最年幼的。几十年过去了，我成了一个三世同堂的由十个人组成的大家庭里最年长的。我的长女纯子嫁给了女婿松田浩治，还有了外孙海渡。我的长子诚和儿媳环结婚，为我带来了孙子阳太郎和创太郎。如今大儿子诚和二儿子修都辞掉了白领工作，自主创业。在我退居二线后，说不定还能给他们做做顾问什么的。

掐指数来，自己的人生已经度过了 78 个春秋。与我携手走过半个世纪的，是我的爱妻伸子。风风雨雨，不离不弃，我们算是相濡以沫的一对伴侣。接下来我已有了新的"追逐"目标，就是我要健健康康地迎接 2020 年的东京奥运会的到来。

书已至此，意犹未尽。感谢各位读者对我的耐心和宽容。非常感谢！

连载终章之际

回顾了自己过去几十年的风风雨雨，也让我再次深感光阴似箭，特别是每过一个十年，世间就发生一次翻天覆地的变动。自我出生的 1935 年起，其后的 1945 年、1955 年、1965 年，每每回顾，总会发现，日本社会都在发生着巨变。

日本跟跟跄跄地从废墟中重新站起，逐步推进社会重建。直至经济出现好转的积极迹象，日本用了整整 10 年。1956 年的《经济白皮书》高调提出"战后时代已经终结"，宣告着日本高速成长的开始。1965 年起的 10 年间，日本真正踏上了经济大国的发展道路。在此之前的 1964 年，日本社会出现了更多令人振奋的新闻和动向，包括东京首次成功举办奥运会和开通新干线等。伴随经济快速发展，国民的物质生活水平也日益提高，人人开始有能力追求汽车、彩电、空调等被称为"3C"的所谓"3 大件"，社会面貌也焕然一新。

一想起这些勾起人们美好回忆的黄金时代，相比之下，自20世纪90年代开始的"失去的20年"无疑是日本国民心中抹不掉的痛。不得不说，漫长的20年，成为日本经济发展的巨大损失。

回顾这一时期的世界动向，1989年柏林墙倒塌，东西两德统一。不久之后，苏联解体，冷战终结，世界打破人为的隔绝，恢复正常状态。全球化推进和IT产业进步开始造就"地球村"，人与人之间的距离不断缩小。整个世界都在涌动着新的发展热潮，唯有日本长期处于迷失方向的状态。这也是日本自明治时代以来值得关注的一段历史。

那段时期，迷失中的日本全国上下到处弥漫着消极气息。高龄化、少子化、人口减少、通货紧缩、贫富分化等，无一不让人消沉。更令人痛心的是，肩负国家和民族未来希望的年轻一代，本应充满朝气、蓬勃向上，却活力不在，低迷彷徨。

诚然，日本经济实力和国民生活已经站在了较高的水平线上。纵观世界，日本人享受着高质量的衣食住行。在住的方面，以前被讥笑为"兔子窝"的小户型住宅也实现了质的飞跃，绝不亚于其他任何一个发达国家。成果有目共睹，但若是安于现状，反而会带来严重后果。因为"失去的20年"里，世界日新月异，而日本停滞不前，国际地位已经急剧下滑。今后，日本已经"失不起"了。

如果将日本泡沫经济破灭的准确时间定为1991年的

话，那么金融机构面临的烂摊子得以收拾应该是在1998年左右。这不禁令人发问：其中的7年时间，日本做了什么？或许，整个社会一直不愿正视残酷的现实：不肯承认经济泡沫梦幻的破灭导致经济对策滞后和在极为重要的几年里国家原地踏步。其中，围绕备受瞩目的住宅金融专门企业不良债权处理问题，当时的村山联合内阁决定注入6900亿日元财政资金用于填补亏空，"住专国会"最终也形同虚设，引起社会一片哗然。

然而，问题的严重性绝非如此简单，在看似一切草草收场的背后，暗藏着更大的危机，日本的代表性金融机构发展也因此走上歧途。日本在不得不面对泡沫经济破灭之后多如牛毛的棘手问题期间，新兴发展中国家保持了持续的经济增长，不断积蓄力量。不知不觉，G20已经成为国际社会不容忽视的合作平台。

"屋漏偏逢连夜雨"。近年来日本发展的停滞不前又增添了更多始料未及的负面因素，包括民主党政权的混乱、东日本大地震等。悲观地说，为国民生活带来积极影响的事件少之又少。所幸的是，我们凭直觉感到，日本正在迎来重要历史转机，有望打破这一社会闭塞感。安倍在大选中获胜并组建新一届内阁。这是时隔多年再现的一个强有力的政权，今后或能实施更加得力有效的政策。兴许，它能推动日本实现积极转变。这种殷殷期待让我相信，当下不抓住机遇找回那"失去的20年",再创一个充满活力的日本,更待何时?

同时,历史也在眷顾日本,为我们造就了2020年东京奥运会这样一个千载难逢的良机。作为一个国家,或许这不算什么远大目标,但对于日本而言,这无疑是十分积极的。作为东道主,日本应当通过奥运会实现什么?寻求什么?依我之见,日本应当把东京奥运会办成世界第一的体育盛事,让城市更加整洁美好,让核电站事故彻底收尾,让日本全国都乘着奥运春风受惠于更加有效的观光产业战略。换句话说,奥运应成为日本进行自身再建和完善的契机,也是再次向世界推介和"销售"高质日本的珍贵契机。

相信许多日本国民已经厌倦了长期一潭死水、停滞不前的僵化社会,然而真要问及如何才能更加积极地向前看并摆脱这一现状时,他们却又不知所措。此外,从未有过类似苦闷经历的新生一代也在日益增加,日本究竟该何去何从?

个人也好,社会也罢,当前的首要之务就是以健康积极的姿态向前发展。换言之,要着眼长远,保持乐观。通过建设一个更加美好的国度和时代,重拾往日活力,让日本的精气神儿带给世界更多积极影响。向世界重新展示一个更加自信、自豪的日本。这是历史给予日本的机遇,相信更是无数日本国民拥有的梦想。

第二章 我的博客

从企业经营到社会现象再到国家未来

经营之论①

说说日本的创业者

目前，走上创业之路的日本年轻人日益增多。从提高国家发展活力的角度看，这样有抱负、有闯劲的群体不断扩大无疑是受到热烈欢迎的。但是个人感觉，这么多的创业者能否人人如愿以偿，走向成功，我稍有担心并心存不安。

说起创业公司，走在前沿的当数美国的创业公司。诚然，客观分析的话，美国新创立的公司当中也是鱼龙混杂，绝非个个都有"真才实学"。和日本相比唯一不同的是，美国的"龙"似乎稍稍多些。重要的是，公司实力和质量相当不错。

反观日本，同样是鱼龙混杂，却令人难以抹消"鱼"稍稍多于"龙"的印象。整体而言，较之美国，日本的创业公司数量明显偏少，而且成功率较低。

其原因何在？我认为，这是由于日本有望未来成为国家和企业领军人物的精英人才大多选择的职业道路依然是进入政府和大型企业。他们一旦进入这样的大型组织，便"终身相托"，中途跳槽转而独立创业之人少之又少。遗憾的是，这些精英人才似乎也不像是会大举创业憧憬成为创业家的样子。容我斗胆说一句，在日本毅然创业之人，多数都是略具出众之才，像一只和群体走散却仍带气力和斗志的狼一样，颇有"单枪匹马""另起炉灶"的意思。

相比之下，美国情况恰好相反。优秀的精英人才未必就一定将跻身名企或政府机关作为奋斗目标。反而，有斗志、有抱负的人大多选择自主创业。同时，美国的创业精英又大多是MBA专业等科班出身，接受过创业专业教育。在日本，这样的人才又有多少呢？对比一下就会发现，日美之间创业成功率的不同正是基于这样的基础差异，两国从起跑线上开始就一前一后。因此，出现结果上的差距也是在所难免的。

日本大型企业的雄厚实力和深厚潜力却是名副其实的，我们对此任何时候都不能有半点质疑。迄今，日本经济领域但凡出现的新动向、新事物，绝大多数都来自精英云集的大型企业。得益于优秀的人才资源和管理体制，大型企业团队配合出众，形成强大合力，即便遭遇些许失败也可从容淡定，并且能够承受风险性前期投资。可以说，深厚的底蕴和积淀正是创业公司望尘莫及的优势和强项。

日本的体制结构也存在问题。有些创业者眼光独特，战略性强，所提创意很有发展前景。遗憾的是，无得力的创业资本予以充分支持。再者，创业公司经过艰苦拼搏，终获一定成长，眼看着迎来一丝曙光，却苦于难觅资金。金融机构在发放贷款等支援方面也多有保守，此外，创业者们很苦恼的是，银行等大多要求其贷款时必须提供担保或是个人保证。因此，一旦不慎失败，创业者便进入"黑名单"，彻底失去东山再起的机会和力量。这种心理上的恐惧也成为一种摆在面前的现实阻碍。

要说成功的创业神话，非美国"硅谷"版本的IT企业莫属，它们其中不乏惊人的实力派。有人会问，和美式版本相比，"日式版本"就相形见绌吗？对此，我会坚决地回答"不"。

用事实说话，试举几例。"YAMATO"是日本快递物流业务的巨头，在世界上也是屈指可数。纵观全球，像这样拥有顶级运作模式和业务体系的物流企业尚无他例。同时，便利店也是如此。竞争日益白热化的便利店为人们的现代生活创造了多大的便捷和舒适，恐怕无须赘言了吧。此外，优衣库、吉野家等也都是十分出众的代表。

美国的脸书堪称成功的典范之一，但其存在本身并不等于是改革创新。眼下，我们也有必要带着"精英会聚之地"的观念和视角尝试重新审视大型企业。与此同时，为鼓励更多的顶尖精英不再千篇一律地向大型企业"投怀送抱",而是激发其自主创业的欲望与热情,我深感进一步完善有关体制建设,创造更加有利的外部环境势在必行。

经营之论②
招聘考试与就职仪式

4月，是日本各大企业迎来新员工的季节。一进公司，就能看到许多西装笔挺、活力四射的年轻面孔，他们在竞争激烈的求职活动中过五关斩六将脱颖而出。听说这也是一场不折不扣的疲惫战。虽然如此，春暖花开之际，他们如愿迈出了走向社会的第一步，我先要致以由衷的祝福。不过，作为一个经营者，在送出祝福的同时，有一件事突然涌上心头，它令人十分别扭，却又难以言表。我不禁想问：日本现存的招聘模式，真的可以适应时代发展吗？

我记得上大学三、四年级时，全国企业集中举行校园招聘考试，结合学生毕业时期予以录用。这是战后日本企业形成的统一招聘模式，现在已经成为固定模式融为日本社会机制的组成部分。不可否认，在日本制造业曾经的黄金时期，即批量生产时代，这是最理想的招聘模式。

20世纪50年代至80年代，日本作为世界重要的生产基地，大量需要可以实现统一标准化作业、制造高品质商品的劳动力。因此，对于企业而言，符合企业风格、高质、整齐划一的人才最为理想。于是，企业大量从校园招聘如同一张白纸般的新人，组织他们从零开始培训，为其"统一着色"，让毫无经验的学生迅速从校园到职场，高效转化成生产力。那时，根本不需要去上什么商业培训班。

在这种模式下，从企业所谓的内部力学角度讲，在哪一年就职对于员工的职业生涯具有重要而特殊的意义。同期就职的人同吃同住，共同参加研修培训，共同升职，战斗友谊一直持续到退休。

然而，这样的量产时代早就一去不复返。进入21世纪，日本发展成为知识集约型社会，人才需求也应紧随世界潮流而动。早在几年之前，日本就已提出应当走价值社会发展路线，让每个人能各尽其才。要实现新的突破和成长，独具特色的各类专门型人才不可或缺。无论是阅历丰富的中年人，还是略带青涩的年轻人，只要置身商界，就没有人不明白这个道理。时代在进步，人们的观念和意识也在发生改变，可这种陈旧的统一的校园招聘模式却没有一丁点儿要改善的动静，真是令人费解。

其实，欧力士也未能免俗。在刚刚过去的4月1日，就如同全国大多数企业一样，欧力士也迎来了自己的新员工。如今，他们正在接受统一的"欧力士式"就职研修和培训。幸运的是，欧力士已经在朝着积极的方向变化，录用的有社会工作经验的员工人数远远超过了录用的应届毕业生的人数。有经验的员工进入欧力士，不用参加任何形式的就职仪式和研修培训。我由衷地期待着这样的趋势能够日益壮大。因为唯有如此，日本企业才能真正扎根于知识集约型社会，求得真正的新型人才。

我时常在公司内部发牢骚，说就算撤掉人事部负责招聘的，欧力士也能顺利地发展。假如抛开现实难度和无奈之处，我会建议企业采用量身定制型的招聘模式。什么叫量身定制型？就是摈弃整齐划一的校园招聘模式，由各业务部门的一线负责人根据实际情况，有针对性地确定所需人才类型，并且亲自下去"招兵买马"。

同样，对于求职的学生而言，最理想的就是选就业单位时不看其名气大小，而是基于对自身才能和未来方向的清醒认识来选择东家。过分在意所谓的"企业排行榜"不是什么聪明之举。

在我的学生时代，日本的炭矿、纺织企业是香饽饽，非一流名门大学毕业的人很难跃入"龙门"，然而时代的发展早已改变了传统产业的结构，昔日的辉煌和人气也黯然失色。因此，与其费尽心思琢磨怎样才能进入排行榜前几位的企业，不如切实了解自身需求，适应时代变化，进入最适合的环境工作。

如果应届毕业生们真的能够根据自身才能来选择就业

单位的话，哪年进入公司都不重要。公司一年365天，每天都有可能迎进新的员工。如此一来，每年4月1日各企业老总按照惯例跟新员工训话的场景，就将成为一张"老照片"。

如今，在全球范围内，全国各地同一时期以同一种形式举行就职仪式的国家，恐怕就剩下日本了吧。日本企业应该尽早觉悟，现存的招聘模式已经与全球化商业模式格格不入，到了重新思考这样下去还是否能适应全球化竞争的时候了。

希望来自五湖四海的各具特色的人才，为了创造新的价值而拧成一股绳的那天早日到来。

经营之论③

加拉帕戈斯化的日本治理方式与企业业绩

在全球范围内比较经营能力，日本的经营者有获胜的把握吗？虽然这样的课题对于经营者个人来讲，不是什么有意思的事，但我们也要正视现实。那么究竟应该从哪方面来比较经营力呢？这个探讨起来也很难有个定论，因为经营力不能单单只看一方面，要综合评价。但是，我想单纯地通过净资产收益率（ROE）来比较一下。

不得不说，日本的净资产收益率是非常低的。根据生命保险协会2010年的数据，与美国的15.1%相比，日本的净资产收益率仅为6%。也就是说，日本的净资产收益率还不到美国的一半。为什么会这样呢？这个问题很难回答，但的确是跟经营者的资质和环境有关。探讨起资质来，恐怕要沦为定性话题，很难出结论，而说到环境，就能看出有很大的不同了。

环境分两方面，一是经济构造，一是企业环境。先说说日本的经济构造。日本的经济构造与欧美国家相比有很多的规则限制，不能进行自由的市场竞争。再加上业绩萧条的企业也不退出，就形成了一种适可而止的竞争模式，因此很难孕育出强大的企业。再说说日本的企业环境。企业环境指的是企业与股东或投资人的关系。欧美企业的股东或投资人，在每季度结算时，都会要求高额的红利，因此会不断地鞭策经营者追求利益。而日本的企业股东或投资人并没有那么苛刻，即便是不出成绩的经营者，也没有人追究。

为了打破这种企业环境，必须强化企业统治也就是企业治理，并建立起一套完善的用来监督、评价经营者的制度。最近，日本社会也开始探讨起企业治理的方式了。在日本法制审议会上，有一项修改《公司法》的提案，提出应该让企业设立外部董事。这个提案引起了人们的关注。虽然有的经营者反对，而且该法案也不具备强制性，但确实有很大一部分人强烈希望这项法案能够通过。

在日本企业的组织结构内，缺少一种能促使经营者努力追求业绩的东西。最近终于有人逐渐意识到了这一点。由于企业内部没有监督经营者行为的制度，所以经营者更倾向于安全保守，没勇气进行变革。这就是日本企业的特征。只要还默认、包容这种缺陷，就很难改善净资产收益率等。

按理来说，承担风险的投资人或股东应该大力要求企业建立严密的检查制度，但日本不是这样。我几乎没听过有哪些本应关心企业业绩增长的投资人担忧过企业统治力的软弱，也没听说他们要求改善的声音。究其根本，是日本没有那种能让机构投资人强烈要求被投资方业绩增长的诱因。即便是大型投资人"政府养老基金管理运用独立行政法人"（GPIF）的投资活动和其他的个别基金看上去也都一样。

在欧美国家，决定机构投资人如何投资的，是基金经理人或者证券分析师等专家。专家能获取多少报酬，要看他们个人的贡献了，也就是他们建议投资的项目的股价变动与买卖差价等。为了追求更高的回报，他们会拼命地寻找好的投资项目，为提高投资效率而不懈努力。他们尤其看不上那些管理体制不健全的企业，所以这些企业的股价做梦都别想上涨。正因为这样，欧美企业的管理体制被迫越来越好，越来越严。

与此相对，日本现在都还处在落后状态，必须进行变革才行。日本在企业治理领域里也面临着"加拉帕戈斯化"（意指因为日本的技术和服务紧盯国内市场保持着独立且调整发展的状态，所以无法满足国际市场的需求，从而失去竞争力。）。更有一部分企业将企业治理的概念想得过于狭窄，认为遵守法令就是企业治理的支柱，只要做到遵纪守法就行。

作为经营者，最为重要的就是通过创新经营来创造更多的经济价值。为此，敢于迎接一个接一个的新挑战，同时在深思熟虑的基础上，拿出一股子"无所畏惧，勇往直前"的劲头来，才是经营者要做的工作。然而在日本，一旦经营者有了上述的想法，就会有较真儿的监事站出来说"这种想法可要不得，你违反了善管注意义务啦"。所以企业的经营者无法去创新，去革新。说到底，还是日本的经营体制跟不上，存在很多的问题，问题多到我说都说不尽。

此外，日本的《公司法》也存在问题，至今也没什么人指出。日本大部分企业都设置了监事制度，监事除了监察董事会的合法性外，还监察业务执行的妥当性。有监事的公司在召开董事会时，要就业务的执行情况进行表决。比如与会的外部董事也要参与表决，也就是说要分担执行责任。但这样一来，就起不到监督经营层的作用。像这样，日本的大部分企业都是负责监督业务的监事与负责分担执行责任的董事并存，因此无法形成欧美国家那样的监督与执行、检查与平衡分离的机制。

在没有解决这个问题的情况下，日本最近又开始讨论是否应该导入外部董事制度了。我认为，修改《公司法》与转型为"委员会制公司"应该同时进行。然而又有新的组织模式提案出现，说是日本应该有监察等委员会制公司，这下子问题越发复杂了。我不禁担心，日本在企业治理已经落后的情况下，还将进一步陷入混乱中。这就是日本经营的现状。

经营之论④

企业兴衰与淘汰规则

与欧美国家相比,收益性低是日本企业的特征之一。再直截了当点儿说,在同行业竞争中,日本企业处于劣势。结论着实令人不悦,却是不争的事实,因为接受或不接受,它"都在那里"。日本要改变这一现状,就必须切实推进结构改革,创造公平竞争的市场环境,以提高经营效率,最终实现企业的发展壮大。从这个角度讲,结构改革是个值得关注的重要环节。

人们一提到结构改革,往往会将其视为"政府的事",企业和民间团体不过是一味地提要求、下订单罢了。实则不然,在新型市场游戏规则中,真正的主体是企业。只有企业在市场环境下游刃有余,取得良好业绩,改革才算是大功告成。当前,日本的结构改革仍"在路上",与欧美相比差距很大。这种借口,或许也能暂时说服我们接受日本企业存在劣势的事实。

凡事总有内外因。有了问题不能一味地把责任推给外部,我们应该反思,作为市场主体的企业,自身就不存在问题吗?回答是否定的!目前,日本市场上存在一种不可思议的企业,它们明明长期经营不善,业绩恶化,且无任何改善征兆,却能既不破产,也不败退。它有个形象的名称——"僵尸企业"。这里,我想就此与各位探讨一下。

真正的市场规则,就是优胜劣汰。一旦业绩不佳,难以立足,企业就须淘汰出局。说得积极一点,败退的经营者应正视事实,并重整旗鼓,以求东山再起。遗憾的是,日本存在一种极其恶劣的金融体制,企业即便经营不善,甚至长期赤字,毫无存续意义时,政府出台的相关政策总是充当救世主的角色,打破正常的市场竞争规则。一言以蔽之,日本存在某种意义上的"平均主义",不认为哪个企业应该被淘汰。

如果列举最近的一个例子,当属《中小企业金融促进法》。该法于2013年3月已经正式期满结束。根据该法,从银行等金融机构贷款却又无力偿还的中小企业只要提出申请,金融机构就会尽最大限度调整贷款条件,抑制不良债权发生。结果,无力偿还的贷款因条件更改而又获重生,企业也幸免于难。

显而易见,政府通过法律向金融机构提出要求,令其保护难以赢利、资金周转调度困难的企业免于破产的命运。与其说这是一种市场行为,不如说更像是伸出援助之手的社会公共服务。金融机构明明背负着潜在的不良资产风险，却无法正常抵债拍卖收回。贷款企业苟延残喘，却又近乎疯狂地竭力维持经营。它们明白，无论收益多低，亏损多高，都不会被淘汰，因为政府不会见死不救。

救活了濒临倒闭的企业，有百害而无一利。本应淘汰出局的企业得以存续，导致业内出现过度竞争，本应脱颖而出的优秀企业被迫卷入，额外耗费大量宝贵成本和资源，这都最终削弱日本的整体产业实力。堪忧的是，过度内耗严重阻碍了优秀企业的成长，更别说走出国门，参与全球化了。

或许有人反驳：美国不也曾经是由政府出面救助通用和克莱斯勒这两家汽车公司的吗，这又该如何解释呢？是的，美国的确这样做过。但这出于政府判断出手相救利于维护国家利益，完全属于紧急状态下万不得已之举。从历史上看，美国政府上述救企行为实属罕见，与日本这种司空见惯且适用范围极广的做法有着本质区别。可以说，日本市场无时无刻不处在这样救企、救市的法律、制度和机构的重重包围之中。比如，日本有重生机构、革新机构和支援机构等大量的所谓援助部门，在破产法制和债务整顿问题上为企业出谋划策，而且"尽心尽责"，助其不被淘汰出局。换句话说，业绩不振的企业想彻底抽身退出都难。这种做法的最大弊端在于，从竞争结果看，市场其实已经否定了不良企业的经营团队的能力。然而，在不应有的庇护之下，劣质管理和运营得以存活。

这不禁令人深思，这种"救企"体制真的能够推动经济强劲发展吗？如前所述，市场竞争等于优胜劣汰。每个企业都必须置身残酷的市场竞争中，直面业绩不佳甚至是倒闭的风险。适者生存，弱者退出。这就是市场原本应有的游戏规则。劣者淘汰出局，强者更加强大，不断提高收益，进一步拓展业务，方可最大限度为社会发展做出贡献。常言道，最好的对手也是最好的朋友。企业力求自身壮大，树立更高目标，与强劲的对手在相互切磋与竞争中共同成长，净资产收益率指标不断提高就会是水到渠成的事情。

大家不免会问：为何要拯救那些本应被淘汰的企业，出于感情吗？当然不是！在日本，投资家、金融机构等债权方即便成为牺牲品，也不会被同情。或许，其中缘由在于，中小企业占到企业总数的大多数，经营不善者比比皆是。如果任其自生自灭，从政治角度讲，这绝非政府和执政党希望看到的现象。

诚然，并不是说"救企"行为毫无存在的必要和意义。对于竞争的落败者，需要妥善应对。企业倒闭产生的失业者急需必要的援助和扶持。很多员工兢兢业业，却因企业破产而失业。对此，政府应当采取积极措施，最大限度消除他们在生活上的不安，为其再就业创造有利条件，包括提供职业培训机会以迎接下一个工作挑战。因此，市场真正需要的正是这样的救助措施，绝非盲目地帮助一个濒临淘汰的劣质企业在死亡线上挣扎。

或许，政府体贴，经济温和，这听起来似乎很动人。然而，过度的"救企"行为只会让日本市场愈加如一杯温水，缺乏活力和热情。只要催生"僵尸企业"大批出现的现存体制得不到有效改善，日本即便进行结构改革也依然无法激活真正的市场机制。其结果就是，囊肿不断扩散，最终导致经济弱化，竞争力低下。

坦率地讲，身为一个经营者，讲出这些话需要勇气。但是不管怎样，我仍然要说，作为政府，正确的"救企"、正确的援助应该是对肩负国家经济活动中枢的核心企业负责，坚决支持它们的优势发展；对于竞争的败者要及时督促其正常出局，并对因此失业的个体劳动者提供必要的支援。唯有如此，才能形成良性竞争和循环，让强者更强。可以说，这应该成为推动经济不断发展的重要原则。

经营之论⑤

棒球教练 vs 企业老总

最近，我感觉，日本的职业棒球渐渐变得乏味了。之所以说棒球乏味，是因为近来比赛多以 2∶1 或 1∶0 这样的小比分收场，平淡不惊，少有精彩的攻防表演，其中也不乏"握手言和"，这种看似"你好我好大家好"实则了然无味的结局。

上个赛季以来，不知从何时起，赛场上渐渐难以看到球在空中"高飞"的英姿。或许是为了给比赛时间"提速"，"好球区位"（strike zone）突然一下子大幅增加，其范围要比大联赛时广得多。击球手迫于角色，不得不挥棒击打，但只要不是铃木一朗这样的顶级球星，击出的球总是难以在空中"飞一会儿"，更别说是本垒打了。换句话说，已经变成仅仅投手一方十分有利的比赛模式了。比赛已经难以再见有攻有防的激烈对抗，变成了"小家子气"的保守打法，队员们目光仅停留在如何死命守住一分上。没有了昔日球在空中划过的漂亮弧线，比赛自然少了许多味道，大打折扣。

谈及棒球，令人联想企业经营。对于企业经营而言，开展攻势意义重要。一旦被迫退居防线，也就意味着竞争将以失败告终。经营也好，棒球也罢，正如逆水行舟，不进则退。没有持续增强的攻势，迟早会被对手反逼到角落，被迫防守。回顾欧力士集团发展历程，起步之初，集团业务十分有限。如果说金融业是一片广袤海洋的话，那么集团最初涉足的租赁领域不过是浮游其上的区区一个小球而已。

在狭小有限的空间里即便"有所作为"，也不值一提，对经济社会发展的贡献微乎其微。正是因为没有安于现状，常怀一颗进取之心，期望创造更高价值，欧力士集团才得以从一个名不见经传的普通租赁业务公司日益壮大，其业务范畴从全面企业金融向中小企业、个人、房地产和租赁周边服务等更宽领域扩展，推进综合化发展。我也深感，至今集团中仍然保持着时刻向新领域挑战的"攻势"精神，这也是企业拥有勃勃生机的重要秘诀。

这么一说，或许读者们会说，看来棒球比赛和企业经营还是有不少相同之处的。其实两者之间是完全不同的。社会上经常会有这样一种演讲会，宣称棒球教练的经验之谈对企业经营大有裨益云云。作为球队老总和一名经营者，依我之见，这恰好相反。相比棒球比赛，企业经营包含的复杂要素更多，其难度是不可相提并论的。就拿信息分析工作为例，当下，伴随互联网的普及，我们已经进入一个"信息大爆炸"的时代，在近乎泛滥的信息海洋里随手打捞的东西毫无价值可言。拥有丰富的知识、经验和素质，在此基础上，还要具备很高的信息分类和筛选归纳能力，要能够变信息为生产力。做到这些，才能称得上是一名合格的经营者。

要具备这样的分析能力，只有踏踏实实地积累和学习，毫无捷径。熟知自身业务自不必说，还包括经济和经营学知识。在全球化的时代背景下，再宽泛点讲，也要对各国历史和文化等有所了解。同时，人是社会的中心，要对人性、人情、人心深入探究，并活用于经济活动。说起来容易做起来难，这是一项复杂的"系统工程"。

身为经营者，必须具备坚强意志，始终对推动企业发展、创造新的价值抱有热情和决心。在我看来，所谓"企业经营"的精髓，就是要充分发挥领导力，在严谨的风险评估基础上，果敢决断，勇于挑战，拿出成果。毋庸置疑，蓝图的规划者是手握指挥棒的经营者。引领企业走向何方，经营者必须三思、三思再三思，做好充分考量。

我给自己定了规矩，但凡思考难解之问题时，一定选择在白天进行。有人或许会说晚上不是更适合冷静沉思吗？曾经，我也尝试过这样，枕边放上纸笔，一边闭目养神一边思考。但是，反复之中，我意识到，本应是为问题寻找光明的出口，然而死盯着黑暗的天花板，别说有新的启发，整个想法都变得消极了。现在，我终有心得，夜间美美睡上一觉，一切交由自然。它定能惠赐智慧，帮你指明方向。可以说，这也算是自己多年苦苦摸索出的结果吧。

即便这么说，也并不意味着非得在办公桌前一坐，才能开始工作。要找到一个问题的答案，必须保持不断地思考。将某个问题在脑海中 24 小时反复思索的话，不经意间你就会灵感突现。时时刻刻保持思考，便是一个经营者每天的生活状态，也是工作状态。

担任欧力士集团 CEO 以来，已经度过 30 多个春秋，我常怀惶恐之心，不时提醒自己差不多就择时身退。但是，置身这个集团，我总是认为仍然还有许多未竟事业，那份热情和期待从未消减。这不知是否可以说是一种幸运。

我愿时常回味自己的商海人生，用草草文字记下那些喜怒哀乐、点点滴滴。如果能为读者们提供些许参考，真是不胜荣幸。

经营之论⑥

观光是最具未来性的一大产业

日本政府观光局发布的旅游统计数据显示，2014年访日外国游客人数比2013年增加了29%，达到1341.4万，游客在日本境内消费总额高达2.0305万亿日元，创下历史新高。面对当前这样的利好形势，日本政府对已经提出的"2020年访日外国游客人数实现2000万"的目标，应该更加坚定、更加自信了。

外国游客暴增这个成果，无疑是令人开心的。不过，反过来又应该细细想想，为什么迄今为止到日本来的外国游客人数一直偏少呢？大家对这个现象不感到奇怪吗？日本有四季分明的风景、底蕴深厚的传统文化、古色古韵的历史建筑、优雅的美术馆、美味独特的日式料理……其中最值一提的，当属日本申办2020年东京奥运会时提出的"无微不至"的服务这个口号，它代表了日本人的热情与好客。无论从哪方面讲，日本都在力求完美，追求世界顶级水准。拥有如此出众的观光资源，即便不做任何刻意宣传，外国游客应该也会接踵而至的。

但是，2014年版《观光白皮书》统计显示，在外国游客入境人数排行榜上，法国以8302万人次高居首位，西班牙为5770万人次，位居第四，日本大幅落后于马来西亚、中国香港和韩国等国家和地区，仅居第33位。或许是我过分在意，上下前后无论怎样打量，日本的观光资源都绝不亚于上述国家和地区。

那么，问题究竟在哪里？观光人士经常颇带反省姿态地强调，主要是因为没能更加积极地做好对外宣传和推介。的确，这或是其中原因之一。然而，好的旅游信息总会借助游客的口一传十、十传百，正所谓"酒香不怕巷子深"。因此，将旅游业发展长年处于低迷状态完全归咎于宣传不力是缺乏说服力的。也有人指出，这是由于日本在地理位置上处于远东地区，即从世界各国的视角看，日本给人距离最远的感觉。然而，处于同等条件的热门地区不在少数，例如南美洲、非洲、大洋洲等。如今，"地球村"的发展让世界变得更小了。从亚洲看，日本哪里是什么远东，不就是近在咫尺的邻国！加之廉价航空等交通方式日益普及，国际旅费更加低廉。可以说，日本与外界在地理空间上的不便逐渐消除的同时，已经越来越成为人口密集的亚洲备受瞩目的重要一角。

日本的观光业发展之所以滞后，更大的原因恐怕在于各种堪称"锁国"的限制性制度以及"垂直领导"型行政方式的弊端。多年以来,针对面向外国人发放签证一事,法务省以"外国人犯罪率可能会提高"为理由一直采取消极态度。外国人对日本充满善意和兴趣,不承想却吃到"闭门羹",有这样"逐客"式的对外政策,赴日游客人数的增加无疑是天方夜谭。此前,与欧力士集团保持业务合作关系的菲律宾籍大财阀携家人一起赴日观光,他们向我抱怨家族中的女士们入境时有一段十分不愉快的经历,听来令人十分遗憾。

目前,日本已经面向马来西亚、泰国等国家实施免签制度,对菲律宾、越南等国家的入境申请限制也大幅放宽。但是,这些都是安倍晋三首相第二次上台后直至最近才得以实现的政策。近来,更多的外国游客对于羽田机场国际线便利性提高开始点头称赞,其实这也是最近才发生的事情,就连曾经一度烦琐的免税手续也是从去年才正式开始简化。无论怎样,好在日本终于放开国门,接纳更多曾经"看不上眼"的普通外国朋友了。

同样,日本地方层面也是最近才开始呈现一些积极趋势。直至不久之前,许多地方城市还从未把吸引和接纳外国游客当成一件关注自身经济社会发展的大事予以重视,其发行的观光导游手册就能说明这一点。翻开这些手册,绞尽脑汁宣传和介绍本地观光资源和特产的文字比比皆是,却对仅有一路之隔的邻县温泉胜地只字不提，没有任何地图和说明。此外，县政府的"垂直领导"思想完整地贯彻到县内各个下级行政单位，别说是观光和其他产业开发的横向联动，就连与接邻城市之间的合作也是一片空白。

如果看看面向日本人的海外旅行团观光手册，人们就会发现，它很好地诠释了一个道理，即观光游客的行动轨迹往往不是一个点，而是一条线。比如欧洲观光，主要旅游项目一般包括美术馆参观、浪漫市街漫步、古城探访、莱茵河赏景……即便旅行社不同，但是旅游项目大同小异。丰富多彩的内容设计，消除了千篇一律的枯燥，其中不乏既充满情趣又颇具人气的知名景点，堪称完美之旅。反观日本，行政层面也好，民间层面也好，用于谋划设计上述"黄金观光路线"的组织体制是十分缺乏的。

例如，日本铁道公司（JR）九州分公司运营的豪华卧铺列车"九州七星"号可谓人气爆棚。以我之见，哪怕一部分也好，摘除这受限的"九州"二字，让列车远驰至北海道，打造日本版的"东方特急列车"如何？因为，只要稍稍拓宽视野，为游客提供"由点及线"套装式享受的观光路线就潜力巨大。九州至北海道或许是个极端的假设，缺乏现实操作性，那么如果能够与西日本铁道公司开展合作，在九州的基础上，再把萩、松江、鸟取、宫岛、濑户内、广岛、仓敷、姬路、神户等多个"点"串联起来，一且形成"线"式观光路线，定然能够魅力倍增。

无疑，不断增加赴日外国游客的意义是重大的。但是，这不仅仅是对于观光厅、地方政府观光主管部门和观光业内人士而言。大家认真想一想就会发现，包括博彩业等在内的娱乐产业相比其他领域，其受重视程度和实际发展水平难道不显得远远偏低吗？

来做一个稍稍粗略的数字统计。假设年均赴日外国游客数为3000万，那么月平均数则为250万，进一步换算的话，每日平均数为8万多一点。一般而言，游客停留时间很少仅为一天，权且假设人均停留日期为3天，如此一来，日本每天接纳24万至25万外国游客应为常态。

日本人口正在以每年20万至30万的速度减少，能够创造收入和价值的劳动人口逐年下降，有人对此抱有悲观看法，认为综合国力因此正在日益衰弱。换个角度思考，按照上述估算，若是人口负增长导致的国家收入、价值减少程度小于赴日外国游客境内消费总额的话，日本的财富反而会增加。也就是说，每增加一名外国游客赴日旅游并促使其境内实际消费，就会有效弥补人口减少带来的经济收入空缺。

或许只是一个胡乱猜测，个人预计，未来全球人口流动将急剧加快。这将是今后世界发展的一大趋势。在涌动的人口流动浪潮中，最为有力和活跃的当数游客。如果日本能够举国家之力，高度重视这一课题，将观光产业打造成迄今未曾有过的"大型产业"，其或将成为当前正在大力实施的"成长战略"的支柱性内容之一。

或许，对于观光产业的地位和角色，我们应该进一步加强意识，将其提升到"维持日本综合国力的生命线"和"一大产业"的战略高度。相比观光产业对于日本发展的重要性，政府提出的2020年赴日外国游客数实现2000万的目标仍不够高。依我之见，至少3000万，下一个目标就是与西班牙的5000万打个平手。为此，大家集思广益，共同拿出最大的智慧吧！

经营之论⑦

寄语新任社长们

今天,我想给刚刚就任企业一把手的社长加加油,鼓鼓劲。在日本,特别是上市企业多把3月作为年度决算月,所以新社长就任一般定在4月1日或6月的股东大会结束后。社长上任伊始,便要马不停蹄地拟定就任寄语,拜访各大客户和金融机构等,紧张、疲劳日渐积累,恰好会在后半年达到高峰。老话说得好,"身体才是革命的本钱"。新任社长们,要把身体健康放在首位呀!

完成了上任后一波又一波的忙碌,接下来就要真正投入工作了。我希望社长们都能清楚地认识到,社长不等同于经营者。无论社长还是CEO,都只是一种职务,而经营者,则是真正能设立、运营企业的人。能当上社长,就代表这个人具有一定的运营能力,但能否成为经营者,则要看他在就任社长后的努力程度了。成为社长,只是成为经营者的第一步而已。

那么,作为一个经营者最关键的是什么?这个问题很难回答，毕竟经营者要处理的事情多如牛毛。但所有经营者都有一个共同的课题，就是规划未来蓝图，决定公司的发展方向，要能着眼于3年后、5年后甚至是10年后，才能规划出未来蓝图。这是只有经营者才能做到的事情。

为了一时的经营业绩，有不少的社长会选择亲自上阵，作为企业的"头等推销员"跟客户交涉。这种做法看上去是决策者在亲力亲为，但实际效果如何呢？依我看，这种跟客户交涉的工作，应该让原本负责交涉工作的业务部门和相关负责人来做，社长就应该去做只有社长能做到的事情。每个人肩上背负的责任不一样。课长负责企业今天的业绩，部长负责企业这个月的业绩，高层管理负责企业这一年的业绩，经营者则负责企业未来几年的业绩。这样的一个企业，才称得上一个合理高效的组织。

当企业处于危机时则另当别论。有着"经营之神"美誉的松下电器创始人松下幸之助先生在做董事长期间，就曾"屈尊"到基层兼任代理业务部长。只有在那样一个艰难的环境下，经营者身先士卒，投身经营最前线，才能带来特殊的效果。而一旦企业渡过危机，最高决策者就必须立即回到原位上。

这是其一，其二是不能太在意其他企业。的确，"要争取更多的市场份额""不能输给某某企业"之类的话，能有效地鼓舞士气，设定一个"假想敌"，也能激发员工们的干劲儿。而经营者真正要追求的目标，是让自己的企业做到独一无二，而不是将精力放在模仿、赶超同类企业上。

一旦成为最高决策者，就不免要强迫自己做一些从前没做过或不喜欢做的事，比如在发言时，要时刻意识到自己是企业的代言人。面对股东和机构投资者时，要将对方视为说服的对象，而不是妥协的对象。股东们往往关注并追求企业短期效益，爱提出"第一季度决算额是这些，第二季度要达到这些"的要求，并给出各种建议和方案。如果对方言之有理，就应该积极参考；如果不利于企业的长远性发展，就要尽力说服，让对方了解做一个独一无二的企业的必要性。

听说面向海外投资者宣传、说明企业情况，令很多新社长都感到头疼。我倒是觉得，不如想开了，把这当成一个难得的机会，直率地表达自己的想法，想办法说服对方。我还听说每逢股东大会，新社长们就感到压力很大，不知道股东会提问自己什么问题。这种心情其实我挺难理解的，以我的性格，遇到出乎意料的提问反而觉得有趣，而且会抓住这个机会，阐述自己的想法，让股东们更多地了解企业。担忧出乎意料的问题？若真如此，岂不更有意思？或许，这是因为我本人是乐见变化和喜欢挑战的性格吧。细细想来，以议长身份主持股东大会，不正是一个让参会人士了解企业且充分表达自己想法的绝佳机会吗？作为经营者和最高决策者，难道不应该带着这种积极姿态，摈弃怯懦畏难心理，发挥主观能动性，让股东们成为你忠实的听众吗？

最近，我原计划与一位客人相约吃饭，确认了一下日程才发现，只有股东大会的前一天空着。也罢，就这么定吧！可经过思前想后，我意识到那位客人与我至交，无话不谈，往酒桌前一坐，极有可能情绪高涨，杯不离手，结果可想而知。前夕酩酊大醉，翌日还要作为主席出面主持股东大会……想到这里，我慎之又慎，最终改变念头，调整了饭局日期。之所以举这个例子，是想告诉诸位，股东大会固然是项重要活动，却不需如临大敌、高度紧张，而应做到处之泰然，举重若轻，将其视为充分表达自我的绝佳机会。如此一来，心中的胆怯和畏惧自然就会一扫而光，你的表现也会更佳。

写到这里，似乎有点倚老卖老的味道。或许，这些文字对于诸位新任社长不值一读。如果各位真能心中有着坚定的独到见解，不为我这些无聊话语所打动，权当作耳旁风的话，那么，也算是对"独一无二"的积极践行方式之一了。

社会之论①
能否应对环保问题

2014年9月23日，联合国气候峰会在美国纽约召开，各国首脑如期参会，就温室效应等气候议题进行交流。虽然这次会议明确了2015年底前各国将就《京都议定书》的全球气候应对体系框架达成一致，但是其整体内容缺乏实质成果，乏善可陈。

其实，对于全球气候问题，我一直抱有不太乐观的态度。无疑，包括温室效应在内的环境问题是当前人类社会面临的最大课题之一，但是探讨越深入，人类越易陷入"近视"的怪圈，这一现实始终存在。毕竟，长远来看，温室效应对策到底能有多大实效不得而知。对于这样一个暂时"看不见"的目标，毅然放弃眼前的经济利益甚至是损害经济繁荣，试问，谁又能如此心甘情愿地拍胸脯说出"YES"呢？

同时，政治体系也存在相关缺陷。例如，在日本，政治家如果打出"牺牲经济发展效益而为减排亮绿灯"的竞选口号,就很难顺利地当选。口号再响亮,理想再远大,普通选民只关心眼前的生活质量,政治家也只在乎能否当选。最终,环境对策只能"靠后站"。

民主政治的缺陷之一在于,政治家必须时刻绷紧"选举"这根弦运营国家政治。因此,他们只关心能够决定自己命运的选民意见和感受,其一切政治活动均以当前的选举利益为中心。这是不争的现实。在此背景下,现存政治体制能否有效应对全球环境问题令人质疑。

今后,针对环境问题,日本形成国内统一意见尚存很大难度,更何况是在国际政治范围内开展合作。其实,真正抱有忧患意识和危机意识的国家仍属"少数派",绝大多数依然借口"发达国家应该垂范表率,先行减排"或是"新兴发展中国家也应有所贡献"等,相互推诿,谁也不愿首当其冲。

或许,现在各国还有相互推卸的余地,等到某天人类真被推向存亡边缘的时候,或许就会真正开始思考这个问题。当然,届时通过"急转弯"来"力挽狂澜",或许为时已晚,这都是很难预料的。

有什么解决办法吗?依我之见,可以尝试两种做法(虽然希望不大)。第一种做法是实现模式转变,用环境政策带动经济繁荣。可以由政府主导推进,通过制定严格的环境标准促进社会变革。如果环保效益越强的产业模式盈利越高,就必将吸引企业争先恐后地参与市场运营。从这个意义上讲,在环保技术领域走在前沿的日本企业应当充分发挥"排头兵"作用,协助政府主导实施上述措施。例如,有效减排的煤炭火力发电、水处理膜、节电系统等,可以率先垂范建立新型的全球标准体系,带动创建新型环保产业的竞争平台和发展模式。

这并非一句空话,如果在政府监督指导的基础上,经济产业界能够拿出足够的决断力切实推行的话,其效果值得期待。其中,潜力最大的当数汽车产业。虽然当前只是纯粹的假设性讨论,但是希望完全实现汽车"零排放"的新时代早日到来。这一时代的汽车不再是简单的减排、低排,而是实现完全绿色、清洁的设计理念,成就根本性的变革。同时,不仅技术实现划时代的进步,其便利性还要保持相同水平,而且更加物美价廉。要实现这一理想目标,需要构筑一个具有积极促进作用的社会体系。如果能够就这一发展方向达成广泛社会共识,并且在政治层面主导推进,那么环保课题就将迎来光明的前景。

第二种做法是每个人都应更加关心自己的身体健康,不断提高环保意识。不知作为参考案例是否妥当,邻国中国的大气污染治理或能为此提供某种借鉴。

不久之前,中国政府正式实施一项"禁令",规定在人口集中、经济发达的东部城市,将从2015年起禁止焚烧灰分高于16%或硫分高于1%的低质煤炭。目前，PM2.5污染正在严重影响中国民众日常生活和身体健康，是中国大气污染的主要课题之一，上述政策的出台被视为相关有效解决手段。我也相信，如果这项措施能够得以落实，将是中国在治理大气污染方面迈出的重要一步。

对于中国而言，比起具有长远性质的气候变动，"居住环境恶化""健康受损"等直接负面影响当前更加突出，促使政府着手治理污染。空气污染不因地位高低和财富多少而"厚此薄彼"，对人体的危害可谓"人人平等"。同时，事实已经证明，空气污染还将越过边境影响周边邻国。或许，二氧化碳排放量高居不下的中国能以这一现实问题为契机，重新审视和认识国际环保标准的重要性。在我看来，这对日本似乎多少带一些讽刺意味。

难道人类面临诸多环境威胁，就不能进一步提高感官反应，在身体健康亮起"红灯"之前未雨绸缪采取预期措施吗？近年，全球不正常的气候现象频发，异常的酷暑、不合时令的台风和过量暴雨等，无不令人深感头疼却又无可奈何。与其每次逆来顺受，不如我们深化认识，形成广泛的社会共识和民意，加强反馈和呼吁，从而带动政府采取行动，最后落实到具体政策上。可以说，环境问题考验的不单单是个人和国家的意识，而是整个人类的智慧和能力。

社会之论②

如何应对人口减少

当前，人口减少已经成为日本社会的热议话题之一，各界众说纷纭，仁者见仁，智者见智。2014年5月，"日本开创会议"发布的一项估算数据显示，随着20岁、30岁两个年龄层的女性人口数量的减少，到2040年，日本全国将有896个市、区、町、村彻底消失。政府下属的名为"未来选择"的专业调查会提交的中期报告书也指出，按照日本目前的人口出生率推算，50年后总人口将锐减至8700万，仅为现在的2/3，1/4以上的地方自治体或有可能消失。

对于这一形势，日本政府表现出高度重视和危机意识，已经在中央政府的内阁新设"城市、人口、就业创造本部"的主管部门，2013年9月正式启动。该部门领域涉及外人不应指手画脚的生育问题和用于高龄者生活援助的财政来源等众多沉重棘手的议题。迄今，相关讨论研究不在少数，但多流于形式，迟迟难以进入正题。随着问题日益严重，形势已经把日本推到了风口浪尖，不得不直面现实。解决问题是日本的终极目的，不存在任何"禁区"，也不需任何顾虑，社会各界应该形成合力，共同摸索。

先谈一个根本性问题。日本狭小的国土之上，到底多少人口才最合适？据推算，江户时代日本人口总数为3000万左右。2008年日本人口数迎来历史最高值，达到1.2808亿。也有意见认为，从漫长的历史进程看，目前的人口减少仅仅属于特殊状况，不必过于担忧。对此，我也表示部分认同。

时代变了，国情早已不可同日而语，江户时代的3000万人口显然无法满足维持当前社会基础设施和文化水平的要求，50年间降至2/3这样的人口锐减速度势必导致社会体系的崩溃。综上所述，或许维持在1亿人口左右是较合理的。

日本的耕地面积仅为16%，多峻峭山林。比起英国、法国等平原面积较多的国家，要让日本列岛上的全体居民都过上富足安宁的生活，1亿人口或许是个极限。之所以这么说，是因为我认为，日本作为一个狭长岛国，经济发展不应以增加GDP总额为目标，而应着眼于提高人均GDP水平，让国民拥有在世界上引以为豪的富足。

1亿人口的构成才是重点。如果"种粮人"多，"吃粮人"少，那么国家就能安然运行。然而，日本现在恰恰处于相反状态，少子化、高龄化进程的不断加快，让"吃粮人"逐渐超过"种粮人"。这将带来严重的社会问题。

日本社会"高龄化"体现了日本医疗等科学技术对日本民众寿命增长的贡献，原本应是可喜可贺之事。可是，为何反而由喜变忧了呢？是因为随着高龄人口的增加，日本社会面临的负担越来越重。医疗、护理、养老金等社会保障成本逐年膨胀，这些都变相转嫁在人口不断减少的年轻一代身上。要解决这一问题，需要从制度上加以改善，当务之急则是消除对高龄群体的过度护理，缓解年轻群体肩上的过重负担。

拥有经济能力的高龄群体需要从"吃粮人"重新回归"种粮人"的角色。其中，高收入者和拥有多数资产者应该彻底从一部分社会保障项目中脱离出来，身体健康仍有劳动能力的人也应如此。这一措施，使社会保障体系真正只为那些濒临生存危机的困难群体提供帮助。如此一来，年轻一代的负担或将随之减轻。

鼓励高龄群体积极参与工作的另一措施是废除定期退休制度。这也是值得探讨的有益课题。或许我的言辞有些过激，个人一直认为，社会文明的进步正在逐渐消除各种不公和差别，而定期退休制度可谓唯一现存的公开性歧视制度。特别是在经济商业领域，评价标准应为个人能力和成果，生硬地划定统一年龄界限实属可笑之事。

"少子化"作为另一个社会课题,与其重要性和紧迫性相比,日本现行对策凸显不足。比起慢条斯理地考虑所谓的长远规划,日本更应着眼当前,当机立断采取一切可能的措施,否则难以抑制持续下降的出生率。放眼世界,如果别国有好的相关做法,哪怕成果甚微,本着全盘吸收和借鉴的积极姿态尝试拿来将其本地化和制度化,岂不是十分有益的做法吗?例如,对于生育多个子女的家庭提供高额的祝贺奖金,以资鼓励。或许,这会招致"纳税人的钱岂能用于个别人身上""这与花钱买子又有何异"之类的批判。即便遭受指责,政府也应当拿出力排众议的气魄和决心,首先尝试推行,用事实来验证对错是非。因为要解决"少子化"问题,必须有这样的觉悟和速度。

如果在"高龄化""少子化"问题上已经最大限度地采取应对之策,仍然无法阻止人口减少趋势,继而出现劳动力短缺的话,那么只好打出"吸纳外国人"这最后一张牌。如果日本人口当真锐减至8000万,远远低于推算的1亿这一合理值,那么在移民问题上就不是被动的"吸收接纳"了,而是不得不为之事,并需要主动性和诚意。通过积极的移民政策,填补劳动力不足,为恢复出生率提供时间缓冲,这或许是当前日本十分现实的选择。

说起"时间缓冲",或许是最难实现的政策问题。在大量外国人加入的形势下,日本社会必须在保持自身原有优势不被冲淡甚至抹杀的前提下，竭尽全力避免经济实力缩水，维持正常发展。为此，外国移民需要走上各个岗位，扮演重要的劳动角色。这又需要十分巧妙又恰到好处的政策制度和全体国民的理解与支持。虽然困难重重，但是如果不能尽快对现状有所突破的话，今后将有更加严峻的考验等着我们。我强烈建议，政府应将人口问题作为当前最大的社会课题予以重视，撤除一切"禁区"和红线，广开言路，进行更加充分的探讨和有效的探索。

社会之论③

东京一极化发展的风险

纵观全球，发达国家首都城市机能过度集中的当数伦敦、巴黎和东京三市，其中又以东京最为突出。从人口数量看，伦敦不到820万，巴黎略超220万，东京则高达1329万（截至2014年2月）。当然，要评估城市规模，需要从广义上的"大城市地区"（Great Urban Area）范畴统计分析。即便如此，相比"大伦敦"1015万人和"大巴黎"1098万人，"大东京"高达3756万人，仍居首位。再从美国来看，美国是全球屈指可数的发达国家，但其各大城市合理分散承担不同机能，如华盛顿的政治机能，以及纽约和洛杉矶的经济机能等。与其相比，日本的东京则身兼数职，将所有机能背负一身。

东京城市机能的高度综合化和集中化在世界上也属罕见。诚然，这为民众的都市生活提供了至上的便利和舒适。加之人才、物资和信息自然而然地会聚而来，商业效率得以不断提高。我一直激励欧力士集团东京营业部门的员工们，告诉他们置身东京就等于处在世界第一的"战区"，应为自己正在从事一项重大工作而倍感幸福和骄傲。不但经济如此，东京也是文化集结的重镇。

像东京这样多机能、资源高度集中且居民生活极为便利的城市，在日本恐怕再也找不出第二个。特别是近二三十年以来，东京在城市机能方面的优势发展不断提速，已经让其他的城市望尘莫及。正因如此，越来越多的人被东京都市生活的便利和舒适吸引，纷纷选择"进京"。

但有时这种优势会成为一种致命的弱点。请大家回忆一下 2011 年"3·11"东日本大地震时日本的惨状。信息混乱、部分生活物资短缺、物流中断和电力供应不足引发的恐慌……今后，如果东京遭受直下型大地震，其损失将是"3·11"东日本大地震的数倍。时至今日，福岛核电站事故仍然触目惊心。当得知事故后仅仅因为处于下风向，东京就陷入核辐射的重大威胁之中，人们不禁毛骨悚然。那种惊愕和无助的心情至今难以抹去。当时，据说事态如果进一步恶化，驻日美军都做好撤离横须贺海军基地的准备了。

日本自古以来就自然灾害频发。或许是受到气候变动等因素的影响，近年来台风、水灾等自然灾害越发多见，规模也逐年扩大。不仅如此，现代社会中，世界各国之间人口融合日益加快，不同的政治、宗教、民族观念交错，任何一个国家和城市都不排除发生恐怖袭击的可能。东京作为日本的"心脏",一旦陷入瘫痪状态,必将导致全国陷入瘫痪。对于这种巨大的潜在风险,万万不可视而不见。

目前,世界各地都在逐渐形成大型都市圈。凡事总有正反两面。在便利、舒适、高效的繁华背后,充分享受现代都市生活美好的阶层与在夹缝中艰难生存的贫穷者之间两极分化不断加剧。同时,过度集中也带来一系列环境、社会方面的弊端:空气质量下降,水质变差,垃圾增多,汽车尾气排放严重,交通堵塞频发,社会服务质量低下等。为改善这些问题,又需要投入巨额资金。这不禁令人深思:我们难道不可以开创先河,为全球共同面临的这一挑战率先提供有效解决方案吗?试想,作为发达国家之一,日本一边最大限度坐享都市机能高度集中带来的实惠,又能举全国之力合理地分化潜在风险,这样的理想模式一旦实现,定将为全球提供宝贵借鉴,岂不是一件美事?虽然不能一蹴而就,但是现在行动为时不晚。

从地理政治学角度分析,相比现在,以前的日本反而安全系数更高。当时,经济中心是大阪,政治中心则属东京,多个城市很好地进行了机能分担,扮演各自角色。作为一个地地道道的关西人,我记忆犹新的是,当地国民小学的教科书上还有"大阪是一个雾都"之类的表述,不无自豪地宣传城市的工业特色和优势。

时过境迁。现如今情况如何？别说是"工业烟雾"，就连住友银行（现三井住友金融集团）、三和银行（现三菱UFJ金融集团）这些发家于关西地区的地方城市银行，从关西起步一度将总部设在关西的综合商社，以及关乎制造业核心命脉的龙头企业，几乎都将总部搬离关西，把"指挥塔"设在了东京。

欧力士集团亦不例外。1964年公司从关西迈出第一步，1972年便迁至东京。因为如果继续留在当地，在信息与人才的竞争大潮中必将处于下风而落后于时代。上至决策者，下至普通员工，无不担忧公司成长会止步于此。出于大局考虑和长远打算，公司毅然迁址东京。虽然这是一个万不得已的决断，但是现在看来，无比明智。

或许，缔造了东京无与伦比吸引力的根源在于日本的政治心脏霞关地区林立的中央政府机关和政治舞台永田町。两者你中有我，我中有你，交织形成巨大的权力机构，掌控着日本走向。日本从废墟中重建和长年的经济进步，正是得益于政治行政和民间企业并肩作战，合力而为。在这个相当漫长的过程中，人力、物力和难以计数的巨额资金从四面八方汇聚，日积月累，造就了高度集中的资源阵地。时光不能倒流，我们无法改变历史，但可以把握未来。今后，切实推进城市机能分散，不正是日本亟待实施的明智决策吗？

日本国土南北狭长，自北向南札幌、东京、大阪、福冈等分担不同城市机能，扮演各自角色。或许，在得天独厚的自然地理优势下，这样的"多焦点+候补"的分散模式不失为一种理想体制。今天，备受瞩目的"国家战略特区"将正式获批实施，将在指定的城市和区域放宽政策管制，为催生新的商机和产业打造更加有利的环境。读者们可以想一想，如果能够乘着特区这股春风，充分活用有关政策规划，划分政、经、文、娱等各类不同的城市主题"特区"，毅然决然地迈出城市机能分散的第一步，不是很好嘛！

无论怎样，我们直面的现实不容忽视。东京都市圈的过度集中导致的问题在发达国家当中已经十分突出，如果放任自流，这种趋势将会继续扩大，随之带来的潜在风险也会进一步加剧。眼下，日本亟须的就是高度重视这些问题，着手科学地规划发展蓝图。迄今，我们自以为取得了举世瞩目的发展成就并因此沾沾自喜。或许，在欢呼雀跃的背后，被忽视和遗忘的这一点，正是事关国家未来命运的重大课题之一。

社会之论④
企业自由与政府干预

我始终认为，一个能够让企业和个人充分发挥自身创意、尽力自由竞争的市场环境无比重要。因为，行政手段的干预和管制越小，经济活动的效率就越高。民间企业经济活动本应是一项高度自由的行为，一旦特定企业凌驾于竞争和市场之上，形成地区垄断，就会导致经济效率低下。而且，企业依赖政府补助金为生的经济活动绝非市场希望看到的。这是我个人的观点和想法。

从安倍政府提出的"成长战略"内容看，其提出了两种基本思路。一是政府重点针对具有发展前景的产业领域进行资金分配，实施特殊的优惠税制；二是优化经济结构，通过大刀阔斧的体制改革，提高企业经济活动自由度，使其充分发挥自身创意和主观能动性，催生新的产业"潜力股"。虽说两者不可偏废一方，相辅相成，但相比之下，第二项结构改革重要性明显更加突出。追本溯源，"成长战略"的宗旨和核心正是打破行政管制和传统体制的壁垒，消除这些"硬骨头"对自由竞争造成的阻碍，以及对既得利益群体的庇护。

经济活动最为理想的状态当属企业不依赖政府而能够自力更生。遗憾的是，说起来容易做起来难。纵观全球，国际经济频发的各种案例不断击碎这一梦想，让其仅仅成为一种理论而已。例如，在金融领域，一旦"市场原理"呈现一边倒，就会产生"一强独霸"的现象。在2008年"雷曼事件"引发的国际金融危机，以及2010年希腊经济危机波及欧洲全体的严重事态背景下，"必须制定严格的管控机制"已经逐渐成为国际共识。

随着这一现象的深入，民间企业开始在越来越多的经济领域中丧失主体地位，只要政府不出面，交涉就迟迟难有进展。当前日本的能源现状，不禁令人深思。液化天然气（LNG）作为火力发电燃料，确保其足够的调度供应量对于实现稳定的电力供给至关重要。"事关国家命脉的经济活动全权交由民间企业负责是否妥当""日本的能源进口价格正在遭遇高额尴尬""政府不应袖手旁观，急需出面参与"……纵观全球资源竞争的激烈现状，日本国内出现这样的质疑之声和强烈建议并不为怪，反而符合逻辑，十分自然。

以中东国家为首的政府官方基金也是一个令人头疼的存在。有政府在背后支撑，他们往往在能源投资上动辄就是大手笔，令民间企业望尘莫及，毫无胜算可言。

1991年苏联解体，政治经济学家弗朗西斯·福山（美籍日裔学者。——译者注）在第二年出版了名为《历史的终结》一书。该书一经发行，国际社会纷纷欢呼自由经济宣告胜利，世界市场得以实现大统一。然而，事与愿违。严峻的现实情况依然摆在我们面前，尚有众多领域存在高不可越的国家壁垒，而且这堵墙越筑越高。不得不承认，虽然绝非令人振奋的好事，但越来越多的经济活动开始不得不依赖政府主导。

话虽这样说，但并不代表企业就可以在政府面前"撒娇卖乖"，政府也不能对民间企业的活动事无巨细一手操办。"过犹不及"，一切事物都需掌握分寸。因此，希望无论是政府，还是民间企业，都有明智的决策者做出正确的顶层设计和决断。

简而言之，如果是通过自由竞争可以达到的目标，民间企业就要全力以赴，共同努力，通过不断的改革创新一心一意提高经济效率和活力。然而，如果是政府出于国家利益考虑实施干预时，民间企业该当如何？全盘托付给政府是否就可以完美解决？回顾过去，日本在资源开发领域也曾有过多个由通商产业省（现经济产业省）主导推进的大型项目。时至今日，我们是否有自信判断，上述做法是否为今后提供了有益的解决思路？坦率地讲，在日本，官、民双方对此皆抱有疑虑和迷茫，仍未形成切实可行的固定模式。在这一点上，或许政府应该集思广益，拿出共同智慧，推动实现不会导致负面效应的官民一体化合作。

新的时代要求一个国家能够妥善处理经济活动的"官""民"两面性，切实发挥经济应有效应，实现国家利益最大化。或许，这样的时代已经悄然而至。解决这个问题之前，首要之务就是认清问题所在，继而探索建立新的有效机制。不容忽视的是，我们已经被推到了这个重要关口。

毋庸置疑，在推进官民一体经济合作项目上，如果没有一个有效机制对角色分配和成果成效进行统筹管理和确认，反而会导致整体经济效率低下、成本过高，造成国家财富损失和民间企业活力不足。特别是，目睹官方背景基金项目的泛滥，不禁再度令人深感尽快建立有效管理体制的迫切性和重要性。置身新的全球经济浪潮之下，日本的当务之急就是充分认清世界发展趋势，尽快规划科学的未来蓝图。这样才能不落后于时代。

社会之论⑤

日本社会的特征

当下，报纸、杂志和电视等到处充斥着否定日本社会的消极信息。作为公共监督角色，指出问题促进改善，让警钟长鸣，这是媒体存在的意义之一。想到这些，媒体带着质疑的目光审视社会现象，也是可以理解的。但是，如果只是"报忧不报喜"，一味地宣传负面消息，不免让人泄气和悲观。

其实，即便没有媒体负面报道的影响，日本人自身也存在乐于主动反省的倾向。"过犹不及"，自省不是坏事，但是做过了头就成了自虐，这种现象在现实生活中比比皆是。如果一个人日复一日身处压抑的消极氛围中，就会恶性循环，到最后自己都开始确信自身前途暗淡。我倒不是为了强调"鼓励催人进步，贬斥击垮意志"之意，而是希望媒体能够进一步挖掘和释放更多积极信号，带动民众发现社会和国家的长处和优点，继而建立更多自信，形成良性循环。

温文尔雅、与人为善、彬彬有礼、一个以"和"为贵的社会集体。这些便是日本民族在我眼中的长处。这些优点源于日本的大和文化和文明。而这一民族文化又源于四季分明的自然以及岛屿气候孕育出的日常情怀。置身日本，我们自身或许对此未有察觉，但是这种日常情怀似乎正是日本人所特有的。

2011年"3·11"东日本大地震发生之际，面对未曾有过的损失和混乱，地震灾区既没发生偷抢事件，也没出现暴乱问题。在日本人眼中，这是再自然不过的事，外国媒体却张大了嘴巴当作头条奇闻进行了报道。此外，据说来到日本的外国人看到早晚拥挤不堪的"满员电车"有条不紊运行的场景，纷纷吃惊不已。车厢和车站没有混乱，看不到冲突，连低年级的小学生也可以安然乘车，一切显得从容有序。日本人对此"见怪不怪"，低龄的子女独自在这样的高峰时段出行父母也一点都不担心，因为社会治安良好。对此，来自外国的许多朋友难以置信。

当前，日本政府推出"酷日本"（COOL JAPAN）战略，大力推进国家海外宣传和优秀文化传播。试问，日本人是否真正清醒地意识到自身的长处和优点呢？在我看来，比起迫不及待地对外宣传，应该先从正确认识自我迈出第一步。

还有一点，日本现在的政治制度使得社会和谐安宁。

请问，诸位认为谁才是日本社会的领导者，或者叫问鼎之人呢？一般而言，大家脑海中往往会浮现权力、财富和名誉兼于一身之人。有意思的是，在日本，权力、财富和名誉这三样各自分离存在，互不交叉，社会其实并不存在绝对的"强者"。

例如，谈及最高权力，当属政治权力，也就是政治家手中掌握的强大力量。然而，从媒体的报道和舆论评价看，政治家却难以获得同等的名分和声誉，也不存在从中敛富之人。或许有人会说，"不，那个政治家是个例外"。其实，逻辑恰好相反。能够成为政治家的原本都是具备雄厚经济实力之人。近年来，我还从未听说过有谁当了政治家就财富大增的事例。纵观世界各国政治现状，日本完全可对自身这一优点更加引以为豪。

再看知名企业和政府部门的"一把手"们，他们处境如何？的确，身居高位，兼获权力、敬重和名誉。然而，谁都不能高枕无忧，手中的权力还得看业绩的"脸色"，可谓责任重于泰山。他们虽然得到了与其身份相当的丰厚收入，但与其创造的成绩和价值相比又微乎其微，绝非达到了在东京繁华地段肆意兴建豪宅的富裕程度。相比之下，日本和欧美"一把手"们的经济待遇简直一个天上，一个地下。

诚然，日本不乏白手起家、呕心沥血壮大企业兼获财富和名声之人。其个人的收获与其创造的巨大社会价值成正比，但个人在工作中还要时刻面对潜在的经营风险，其获得的财富和名声随时都有可能烟消云散。此外，据我观察，除了经济界，德高望重、声名大噪之人似乎往往与权力或财富无缘。

那么，富豪们到底身居何处？纵观日本社会，他们几乎都远远地"躲"在与权力、名誉相去甚远的"角落"。某珠宝饰品公司老板曾告诉我，作为经营之道，公司经常邀请实力雄厚的客户免费参加大型豪华旅行项目，只要客户在旅游地举办的珠宝饰品展销会买上1到2个奢侈品，公司就能获得丰厚利润。当我问其出手阔绰的大客户都是怎样的人时，他笑着回答，总之没有一位是宫内先生认识的。

这种权力、财富和名誉"三权分立"的现象在日本司空见惯，在海外却十分罕见。想象一下世界上的众多国家，位高权重之人要么坐拥金山银山，要么尊贵无上，甚至令国民生畏。或许，这种"两权""三权"的重叠才是世界的主流吧。

固然，对于日本这种特有的社会体系，仁者见仁智者见智。从孕育平等社会、避免滋生权力独裁之人的角度看，其利处多多。但是从拥有实力、期待出人头地的有为之士和对未来满怀期望的年轻一代来看，这或许正是导致社会和时代闭塞的"罪魁祸首"。

　　同时，我对日本社会形成上述"三权分立"现象的历史背景也颇有兴趣。或许，这与喜好以"石头、剪刀、布"定胜负的国民性有着某种关联……玩笑暂放一边，言归正传。正是得益于权力的分散，社会才能保持长期的稳定和安宁。在看到它巨大正面效应的同时，也不可否认，这种社会体系存在缺乏内部有机联动的弊端，要推动和做成一件事情异常缓慢。找到理想的平衡点，对现存体系进行加工改造，从而去弊存利，使之成为助推社会更加高效前进的积极因素，或将成为日本面临的重要发展课题。

　　总而言之，深深植根于身体内的日常文化情怀，构成了现存日本社会体系的基石。我们应对此拥有清醒认识和深刻理解，继而将其作为一种重要的社会共识。我想，这就是日本国民的"自我认知"。因此，由衷地希望媒体立足这一事实，更加深入、准确地捕捉和讲述日本社会的百态。在此基础上，继续不遗余力地发挥监督作用，为社会发展"挑刺"。这样，一负一正，民众才能接触到全面综合的信息，社会才能对此做出更加合理、积极向前的反馈。

社会之论⑥

为谁而振兴农业

兵库县养父市地处山区，人口极其稀少，在整个县都是出了名的"过疏"地区。目前，当地正在千方百计地改善这一现状。欧力士集团在当地租用了一所废弃的小学体育馆，成立了一家"植物工厂"，栽培生菜等绿叶蔬菜，我此行就是参加其成立仪式。当天，兵库县知事井户敏三和养父市市长广濑荣均应邀参加，活动现场气氛十分热烈。

目前，养父市被指定为"农业振兴国家战略特区"，计划通过放宽农地买卖限制等方式，盘活被放弃和闲置的农耕用地。虽然欧力士集团旗下的"植物工厂"早在"特区"正式获批前就已经拍板敲定下来，但是机会难得，我由衷期待这家工厂能够为当地的农业振兴助一臂之力。

成立仪式当天天气阴沉，但是植物工厂属于室内环境，丝毫不受气候左右。工厂系统全部实现无菌化状态，采用荧光灯照射和人工栽培技术。对于欧力士集团而言，虽然该项目是涉足农业栽培领域的"处女作"，规模不大，但是我深感，如能大力推进，将有望成为农业领域以技术带动革新的代表之作，所以看好其发展前景。

长久以来，日本农业一直被认为正在趋向衰退，然而事实果真如此吗？如果衰退基于自然规律，不可抗拒，那也只好坦然接受。但是，如果根源来自社会结构、体制和产业政策，那么通过发挥主观能动性这种衰退则是可以加以改善的。

例如，荷兰国土面积仅仅略超日本九州地区，却创造出问鼎世界的现代农业，农产品出口额高居全球第二位。其秘诀何在？细细分析会发现，荷兰农业将先进的农业技术和高超的农产品"兜售"政策完美、巧妙地结合在一起。这也让我们有理由相信，只要政策方向正确，日本农业同样可以在短时间内具备相当程度的国际竞争力。

那么，今后日本的农业振兴政策如何调整为好呢？依我之见，应当先将农业问题分割成农业产业、农村文化（或者叫农业共同体）和高龄人口过疏对策三个方面。目前，日本现存农业政策将这三点混为一谈，提出所谓的"让农村老人安居乐业""保护美丽的田园风光"，并通过补助金和制度门槛保护农业。长此以往，日本农业的产业竞争力不低下才真是一件怪事呢。

所谓农业，即生产粮食作物的产业。民以食为天，这才是农业的重中之重。换句话说，提供安全、安心和最大限度物美价廉的农产品才是农业政策的核心。至于农村老人对策和农村文化，应分别作为社会福利事业和文化事业的一环加以推进。农村的老年人一边领着政府的补助金，一边低效耕种着狭小的农地。试问，这符合农产品消费者的利益吗？同时，在城市化的大潮中保留原始的田园风光，意义不言而喻，但更多应从文化角度予以考虑，例如作为文化遗产进行保护的做法不是很好吗？

将人口过疏问题纳入农业政策，这也十分可笑。仔细想想，人口过疏的村落彻底消失就那么悲惨吗？我在孩提时代，日本正处于战火之中，我曾作为"疏散儿童"前往兵库县的深山乡村避难。相比起来，那种生活才算真正的悲惨。本以为到了农村食物就有了保障，现实却令人大失所望。从战区疏散而来的外地民众不计其数，导致当地人口过密，结果谁都食不果腹，连居住都成了问题。人口没了，民众可以举家迁徙，但是食物没了，连生存都是难题。因此，粮食的重要性，不言而喻。

政府应当进一步明确农业的概念，要将真正的农业政策独立出来。只要彻底解决这个问题，那些争论得面红耳赤却迟迟未有定论的问题就可迎刃而解。例如，关于企业购买农业用地审批一事。如何判断，只要想想其购买行为是否有利于农产品消费者，标准就变得很明了。如果农地买主与农产品消费者毫不相干，那么就有充分正当的理由将其拒之门外。

同样，关于农协改革问题也可以从这一角度思考。全国农业组合中央会（简称全中）对各地农协支部的指导权限，以及旗下运营的商业服务和金融业务，其最终衡量标准都可回归"是否符合农产品消费者利益"这一出发点。本着这个原则，农协改革还有那么复杂吗？

其实，从我在小泉纯一郎内阁时代参与助推政府体制改革时起，日本农业振兴就已经是一个热议话题，只是至今议论仍在"喋喋不休"地进行，却没有任何实际行动。时不我待，当前正是日本打造强势农业的关键时期。同时，如果我们能够很好地将人口过疏问题和"高龄化"问题与农业区别开来，作为明确的社会问题予以专门应对，那么就可以开门见山，直入主题，从而彻底终结"逐二兔而不得其一"式的"无解"议论。唯有这样，日本的农业改革才真正具有"农味"。

社会之论⑦

关于核电问题的思考

2014年,日本在全国各地的核电站仍处于停运状态中迎来了又一个夏季用电高峰。虽然民众对停电的担忧和不安较之以前稍稍有所缓解,但是国家正常的电力供应依然离不开企业生产和国民生活中的自发节电合作。现实中明明暂无突出的电力不足情况,为何大家还是如此节制?究其原因,近年,作为发电原料的石油、天然气、煤炭大量进口,一方面导致贸易收支状况恶化,另一方面排放的二氧化碳所带来的环境污染不容忽视,各界纷纷担忧电费或将因此而上涨。当然,如果核电安全、节能、费用又低廉的话,没有不择而用之的道理。

值此背景之下,政府提高核电站安全标准,尽快实现重启运营,理应是再自然不过的事。对此,我个人也想举双手赞同,但是遗憾的是事实似乎并非如此简单。和不少朋友一样,我也认真读过各种关于核电站事故的纪实报告和事故调查书籍,却始终百思不得其解。想在纷繁的现象中理出头绪形成自己的观点却茫然不知所措，想探个究竟却发现疑点望不到头。最终，我发现自己仍然置身团团迷雾之中。

但是，这并不代表我坚决主张"脱核电"。如上所述，日本能源资源极其匮乏，最经济有效的做法就是在安全的前提下尽最大限度调用一切现存核电站。坦率地讲，我没有十足的把握和勇气去强烈建议政府"尽早重启"。因为，福岛核电站事故仍然是我内心跨不过去的一道坎儿，而且也没有掌握足够的依据和事实让自己可以对核电站的重启表示积极赞成。

不确切地赞成，抑或是反对，以这种"差不多"、模棱两可的个人感觉对具有长远影响的事情武断地做出决定，势必带来消极结果。同样，企业经营也是如此。面对的课题越重要，越要彻底、全面地进行信息分析、整理，弄清其中的因果、利害关系，慎之又慎地反复调整和完善对策，继而做出合理的判断。

在我看来，在核电问题上，我们的当务之急是要弄清福岛第一核电站事故的真正原因，并做出使社会接受和理解的明确说明。漫天的报道、大规模的调查等，信息和数据数不胜数，可事故本身依然疑点重重。或许，有此感觉的人不止我一个。核电站为何建在发电原料或有可能被海水淹没的位置？事故根源到底是海啸还是地震？勉强躲过一劫的福岛第二核电站与遭受重创的福岛第一核电站有何差异？为何已经接到警告却不当机立断采取应对海啸措施？事故之际当事人在思考什么？采取了什么行动？他们的行动和措施妥当吗？有可能将事故损失控制在更小范围内吗？国民是否被告知了事实的真相？事故现场能否做出进一步的努力？只要稍稍动下脑筋，疑问就会接二连三地涌上来。如此"发难"，并不是为了追求完美的答案，而是如果不能从整体上给出一个全体国民能够接受的合理回答和反馈，那么判断下一阶段如何应对更是无从谈起。

直至今日，震惊世界的事故调查工作圆满画上句号了吗？恐怕，我们连自己都说服不了。对于日本而言，如果继续采用像战败后在战争责任问题上"一亿总忏悔"（负责投降事务的时任东久迩稔彦内阁提出的旨在模糊战争责任的错误言论，认为战争责任也在于全体国民道德的沦丧，全体国民必须进行彻底反省。——译者注）那样的暧昧姿态，势必阻碍日本的未来发展。不负责任地断言"全员有责""日本文化低劣"，思考和追究就会停滞不前。进一步讲，如果不能对一系列现象进行"拨云见日"的正确分析并据此将责任明确到个人的话，那么就无法制定出真正意义上的"防止事故再发对策"，未来或将在同一个地方再次跌倒。

或许，我们应该从零开始重新审视关于核电站的一些基本常识，包括是否发电成本真的低廉，以及不会排放二氧化碳、环保清洁等。因为，事实看起来并非如此简单。

先来谈谈此次事故发生后的善后费用，怎样才是精准的计算方式？首先，事故发生前和发生后，用毕的核燃料和老化的发电炉处理成本衡量条件已经发生很大变化，应该重新计算。此外还要比较二氧化碳增加量和核电站事故对环境造成的影响。综合这些因素，可以说，真正的、准确的核电站发电成本应该不仅包括直接成本，还应涵盖用毕的核燃料和老化发电炉的处理成本，以及事故潜在风险成本（通过保险应该可以估算）。如此一来，核电或将成为远远超乎预想的高成本电力。迄今，世界已经发生乌克兰切尔诺贝利、美国三里岛和日本福岛三次大型核电站事故。面对这样的现实，我们需要充分吸取"前车之鉴"，除了加强核电站应对自然灾害的能力，还要认真研究恐怖袭击、罢工和误操作等新情况的解决对策。

同时，关于其他电力形式的常识性问题或许也值得重新思考。受缚于"核电优先"的能源发展观念，其他电力形式的技术革新处于滞缓状态。目前，最新的火力发电被普遍认为二氧化碳排放量减少，已经算是相对清洁的方式之一了，如果日本能够运用自身科技更好地加以改善，能进一步提高其环保程度。迄今，太阳能、风力、地热等均被视为高成本发电形式。其实，比起在发电能源上下功夫，如果能够着眼于提高蓄电技术，那么能源效率将得到积极改善。众所周知，日本各地电力产业具有浓厚的地方垄断色彩，如果导入有效的竞争机制，相信所有的电力形式都会实现更加经济、理想的市场效益。

我认为，应在认清上述新背景的基础上，再结合当前现状综合探讨日本未来理想的能源构成模式。核电站能否重启不是抽象的意识形态，而是需要基于正确信息作出客观、严谨分析的课题。我也希望自己能够进一步加强学习，无奈现存资料和分析结果等既分散又不充分。自己一知半解，自然也不能断言赞成核电站重启。作为一个经济人士，我始终坚持，只要现存核电站能够保证安全、价廉和环保的话，就应该早日重启投入使用。诚然，核电存在潜在安全隐患，但是只要妥善处理使用完毕的原料，其操作性和使用性仍然具备长期优势。

核电不是个一蹴而就的课题，或许距离最终结论问世还有很长的路要走。但我由衷地期待，真相大白的事实能够证明自己的看法是正确的。

社会之论⑧

印度对于日本很重要

初次造访印度是在多年以前,之后平均两三年就去一次。渐渐,出差不再只是工作,对我而言又增加了定期考察印度社会变迁和风土人情的意义。迄今,令我感触颇深的是,同为大国,中国大刀阔斧地实施改革,经济、社会日新月异,发生着翻天覆地的变化,而印度改革却迟迟难有进展,发展总是停滞不前。

这次所见所闻令人耳目一新,我感觉印度确实正在一点一点地改变。虽然进度缓慢,但是已经呈现出积极的趋势。道路状态曾经一度以"脏乱差"闻名,而今修建起了高速公路,开始看到许多飞驰的新车。首都新德里一些华丽的酒店拔地而起,其他基础设施投资也在热火朝天进行。以前,印度的破旧机场让我每次坐飞机时都提心吊胆,现在也焕然一新。

走进农村,能感觉到印度的城乡之间的贫富差距依旧十分突出。这个国家距离真正的工业化还有相当漫长的路要走。我想再次强调的是，长远来看，印度人口增至全球第一，并形成大规模的经济商业圈只是时间问题。因此，印度的发展值得重视。当前，中日合作的重要意义不言而喻，日本的目光全都聚焦在中国。对于同样重要的印度，日本有必要给予更多关注。值得注意的是，印度在国家发展和社会建设上效率相对较低，花费的时间更多，需要的程序也更冗繁。

印度曾是英国殖民地，法治社会的影子较重。在印度，司法裁决十分强势，甚至给人一种法院法官才是国家至高无上的存在的印象。印度作为联邦制国家，由多个地方州构成，各州拥有独立强大权力，这是其联邦政治形式的显著特征。要办成一件事情，挡在面前的第一道难关就是要获得州政府的许可。在印度，无论何事都要先获得法律许可，这是一条雷打不动的铁则。当事人需要和州政府进行长时间的交涉和"斗智斗勇"，好不容易完成后，还要再跨过联邦政府这一关。可以说，烦琐的手续和冗长的程序是谁都绕不过的关卡。

印度的这种法治难关让许多印度人都为之头疼。我有一位印度朋友，他是个颇有能力的商人。就连他都无奈地向我诉苦，表示在印度国内从商已经腻烦，真想跨出国门到海外发展。不过，一边这么说着，他一边使出要把政府机关门槛磨平的拼命劲儿去解决各种烦琐的手续，咬牙苦心经营。欣喜的是，近年他的精神状态逐渐恢复，气色也好了不少，事业更加顺风顺水。

说起发放许可证的事，我想起前不久亲身经历的一件事，讲起来就像漫画故事一样，十分有趣。为去印度出差，我前往印度大使馆办理签证，却被使馆以"证件照不符合要求"为由拒绝。我难以理解，明明是正儿八经照的照片……一经问询才明白，原来是照片尺寸和标准要求相差几毫米。无奈之下，我只好再度"光顾"照相馆重拍，白白又等了几天才最终拿到"达标"的照片。

就像这样，印度全国上下都在细处较真儿。反过来说，只要摸透制度和规则，严格遵照行事，一切都能顺利进行。道理虽然不假，可现实中当事人往往为此跑断了腿，伤透了脑筋。或许是受此影响，整体来看，印度往往给外界一种官员十分强势，普通国民相当顺从的感觉。

同时，印度又是一个丰富多彩的多民族国家。每个地区都拥有各自独特的文化。以料理为例，我每次到印度出差的基本饮食都以咖喱饭为主，看上去所有的咖喱饭大同小异，但据说其实各不相同，包含着各自的地方文化特色。打个比方的话，印度就如同万花筒一样。或许，这也源于人口众多，构成复杂。种种因素使得印度成为一个竞争异常激烈的大国，多次造访过程中，印度的人才也给我留下了极为深刻的印象，他们当中的精英各个名副其实，出类拔萃。

对于企业来说，什么是进军印度市场的秘诀？要我看，应该是向当地输入对印度抱有强烈兴趣和浓厚感情的人才、员工。印度文明历史悠久，内涵深厚多样，同时不乏涉及人生、命运的优秀哲学思想。在我的眼中，印度是一个充满魅力和神秘色彩的国度，我对它的浓厚兴趣至今依然不减。要与这样一个特色鲜明的民族打交道，置身其中从事工作，不管多么出众的人才，如果吃不惯印度的这道"咖喱文化"，一切就无从谈起。因此，日本企业应该前往印度实地考察体验一番，理应能够找到被其吸引的地方，在此基础上，有针对性地建立并发展面向印度市场的人才库。做到这些，距离踏进印度市场也就不远了。

除了印度，非洲也是日本未来不可忽视的重要市场。众所周知，印度人自古就闯荡非洲，通过漫长的岁月，一点一滴建立起自己的经济商业网络。这也给人一个启发，即经由印度进军非洲市场或许是一条捷径。

最后，我再讲个关于印度车速的花絮。这可是个有历史的段子了，因为20年前和20年后的今天都未发生任何改变。据说，印度有个文化礼节，当车中坐着重量级人物的时候，司机往往会猛加油门提速超过前面的车辆，以这种特殊"服务"表达对车中之人的尊敬和礼貌。每次前往印度，我都荣幸地享受这种服务。固然，对方莫大的诚意和热情毋庸置疑，只是坐在车中，自己心中总会默默地念叨："安全第一！安全第一！"

　　相比之下，现在算是好的。过去，每次在印度坐车时，我都会提心吊胆，特别是透过车窗看见有人就睡在紧挨着的道路旁边，总是不寒而栗。所幸，现在窗外已经看不到这种光景。即便如此，车速依然很快，丝毫不逊色于往日。归根结底一句话，印度是个充满活力的国家！

社会之论⑨
深度探讨移民问题

针对日本接纳移民一事，诸位可曾认真思考过？赞同，抑或是反对？目前，比起赞同与否，或许更多人会回答"不了解"。看起来，绝大多数民众似乎并未将此视作与日常生活息息相关的问题。其实，这是一个深刻关乎日本未来的重要课题。而且，现实要求我们必须现在就开始认真探讨。

首先，问题之所在可以简洁明了地说清。日本"少子化"进程不断加快，人口持续减少，导致支撑社会前进的现役劳动人口和人才出现严重短缺。"那就要充分发挥女性和老年人的力量！"可即便这样依然难以满足现实需要。怎么办？日本只能寻求外国人的协助和参与。

另外一个观点就是各国交流日益加快，世界"变小"了。在全球 70 亿人口中，国境和国籍作为一个高不可越的壁垒限制着人口流动和互融。所幸，伴随社会发展和时代进步，这一壁垒正在逐渐被突破，更多的人得以在全球范围内自由移动。引人关注的是，在发达国家当中，日本设置的这一壁垒尤为突出，并将其视为某种意义上的"国策"，借以保护纯正的"大和血统"。这十分罕见。新的时代背景下，这一"排外"政策是否真的利于国家利益，日本应该从国际合作角度认真加以反思。

深入观察一下便知，日本的现实情况是，离开了外国人，将有众多行业无从谈起。当你走进便利店和快餐店时，就会发现，店员中不乏操着一口流利日语的外国留学生，而且这种概率相当高。建筑工地上也是同样情景，许许多多的外国劳动者在日本的土地上挥汗如雨，辛勤劳作。即便如此，日本产业领域严重的"用人荒"问题依然难以消解，各行各业纷纷呼吁政府进一步放宽外来人口限制，给予外国人更加自由的就业许可。

我认为，现实形势的发展速度远远超过法律制度的完善，政府有关部门管理的回旋余地日益增大，变得越来越不透明，这是问题的关键。当前，打着"研修"和"技能实习"的幌子廉价榨取外国劳动者的单纯体力劳动雇用制度早已凸显弊端，不适应当前社会发展的需求。

外国人要取得在日永住资格，除了要满足"在日居住10年以上""拥有相当的资产或技术"等条件，还得达到"品行优良的要求"。令人生疑的是，"品行优良"的标准是什么，谁来评判？关于这个问题，社会上据说还流传着一种说法，称"要想获得永住资格，千万别开车。哪天一不小心出了事故，一切谨慎和努力就会瞬间化为泡影"。传闻是真是假不得而知，让人深思的是，无论涉及哪些领域，行政量裁过于宽泛的国家难以称为真正意义上的法治国家。

更有甚者，日本有关做法疑似带有侵犯基本人权的成分。我曾听闻，在永住资格申请难度上存在男女差别，根据具体国籍，主管部门取缔外国非法滞留者时其执法力度具有"温差"。诸位应该还记得，2010年3月一位加纳国民在成田机场接受强制遣返时不幸丧命。这种悲惨之事不得不引起世人的深思。

种种问题面前，当务之急就是尽快完善适应现实需要的法制框架，并本着公开透明的原则在阳光下运行。我个人认为，关于移民问题，应该从以下三个大的方面予以分析。

第一是临时外国劳动者问题。政府应当明确从事单纯作业的外国劳动者不是移民，而是作为定期雇用劳动者赴日。具体来说，就是消除像研修生那样的不稳定性待遇，提供合理的收入保障，改善劳动环境。通过有效的制度保护：外国劳动者所在企业即便因经营、人事等关闭，也可调至其他相同性质的岗位继续工作。劳动者与接收方严格按照合同办事，劳动者可以安心工作至合同期满并按时回国。其实，临时单纯作业的外国劳动者违法转为长期滞留导致严重社会问题的现象最早发生在欧美国家。因此，日本应该重视"前车之鉴"，积极吸取欧美国家成熟经验，推进制度设计和建设。同时，对于多次赴日并遵纪守法毫无"前科"的外国人，政府可将其作为发放永住资格的选项之一。总而言之，既然有欧美国家这样的"过来人"，日本就应积极从中学习和借鉴，拿出智慧制定符合本国国情的先进制度。

其次是国际婚姻问题。试想，假如外国男性与日本女性两情相悦，最终从恋爱走向婚姻，而男方却因非法滞留被执行强制遣返，这是多么非人道的做法！诚然，其中不乏以骗取永住资格为目的的伪装婚姻，这另当别论。恋爱和婚姻作为人类最为美好的一件事情，理应得到充分的尊重。同时，提倡和鼓励国际婚姻意义特殊，不但可以促进文化的多样性，对于人口减少等社会问题而言也是一剂良药。

最后是高端人才问题。外国人才如果能够积极申请赴日移民，对于日本提高国际竞争力将具有重要促进作用。但是，人才的吸收和引进需要展示出最大的诚意。提供永住资格甚至是日本国籍，主动抛出"橄榄枝"都是很好的做法。没有这种主动性，人才就会遗憾地转向其他国家。无论怎样，都必须保持低姿态，决不能将"在留资格"视为一种挟持手段高高在上俯视对方。此外，荒唐地筑起语言壁垒，通过考试以日语能力论"英雄"的做法亦不可取，否则谁也不会问津。

说到这里，我为读者讲讲亲身经历的有力"证据"。那是20多年前的事了。苏联刚刚解体之后，包括我在内的许多年轻经营者聚在一起，商议计划"趁热打铁"争取那些从苏联脱身的优秀工程师。据说，确实有些日企采取了行动，但最终两手空空而归。后来才得知，欧美国家早已先日本一步，把优秀人才一个不剩地全盘挖走了。

还有一件印象深刻之事。我曾看中美国某金融公司的一位高层人士，邀其作为欧力士当地分公司的领军人物加盟，并开出比我自己还高的丰厚报酬条件。不料，他始终面露难色，总是对进入日企分公司工作表示出一种反感和难以接受，为说服他我费尽了口舌。当地聘用尚且如此，若是邀其不远千里赴日工作和居住，难度可想而知。

诚然，我也听闻，社会上不乏"外国人会侵占日本人的就业机会""工资收入体系或将崩溃"的担忧之声，然而事实果真如此吗？日本人口锐减趋势显示，在不久的将来，会空出众多的就业岗位，会陷入严重的劳动人口短缺的泥沼。这已经成为一目了然的事实。另外，近邻中国的高龄化和少子化进程也在不断推进。中国暂时的确拥有优于日本的劳动人口资源，然而伴随时间的推移，别说是高端人才，就连从事单纯作业的劳动者，日本都将面临包括中国在内的诸多国际竞争对手，届时一场劳动人口和人才的争夺之战在所难免。

毋庸置疑，工资方面应严守劳动同一、收入同一的原则。举个浅显的例子，欧力士集团旗下的职业棒球队里不乏出众的外国队员，当然其收入也相当不菲。对此，日籍本土选手都是心悦诚服，没有一句怨言，反而都向其竖起大拇指。我认为，伴随时代的进步，"量产时代"那种根据资历论高低的工资体系将退出历史舞台，被"知识社会"更加合理的衡量标准取代。

如果是在日本的外国人数量过多了，日本正为此采取必要限制措施的话，那么尚可理解。然而，现状还远远未到那一步。

未来之论①

谈谈日本的暑假

按照一般规律，日本列岛多在6月至7月中旬处于梅雨季节。如果是万里晴空，6月后半段至7月份本应是温度升至最高的时候，但是受到雨量充足的影响，这时的日本还感受不到夏日气氛，人们只能在阴郁的梅雨之中度过。结合气候特点，日本学校从7月中旬才正式进入暑假，在8月的"盂兰盆节"前后迎来高潮，其间不乏"甲子园高中棒球大赛"这样学生们期盼已久的"暑期大餐"。相比之下，日本与没有梅雨季节的欧美国家的夏季假日相差一个月左右。当他们的惬意时光结束时，日本人或许还在享受"姗姗来迟"的轻松。自然赋予了日本许多恩惠，也让人真切感受到了无奈。盛夏一过，日本又会转而进入台风季节，整个列岛一下子"跑步"进入夏末，随着白天时长逐渐变短，夏季又悄然离去。

近来，越来越多的日本人选择延长夏季假日，更加闲适地享受难得的放松。当然，对于快节奏的日本社会而言，

"更加闲适"最多也不过一个星期左右。或许与外界相比不值一提，但是七天假对于日本人而言已经相对奢侈了，这也反映了大家的生活方式在悄然发生改变。回想起来，我的年轻白领时代（周六上午属于正常工作时间，日本正式实施双休制还在很久之后），我感觉每天总是围着公司这个中心团团转，几乎没有什么夏日假期的概念。对于那时的我，熬到"盂兰盆节"利用周末回到故乡省亲，再休上一到两天的假，不知不觉夏天就过去了。

相比之下，现在的生活更多是以家庭为中心，尽情共享天伦之乐，而且物质也变得极大丰富。可以说，我们迎来了一个更加美好的时代。纵向比较的话，日本人的假期生活已经发生了显著改观，但是如果和欧美国家比较的话，日本人的夏季假日要比他们短得多。因此，无论是享受生活的方式，还是日常的生活习惯，日本人都有着独特的一面。

我颇有体会的是，日本人往往喜欢追求整齐划一的行动方式，或者说叫"从众模式"，而且这么多年来迟迟没有改变。比如，到了夏天，一说要换上"清凉夏装"，全国上下便清一色地"更衣"。再比如，8月份的"盂兰盆节"是外地人回乡省亲的时节，中旬达到高峰，全国上下便纷纷踏上回家的旅程。明明知道高速道路堵得水泄不通，可人们仍然络绎不绝地加入排队等待行列，纵然白白搭上几个小时也在所不惜。

诚然,欧美国家一到夏季假日时期也避免不了大规模的交通堵塞,可熬过之后等待他们的是悠闲充足的时光。日本人的假期本身就十分短暂,却不得不把大量时间耗费在往返途中,徒剩疲劳,大打折扣。令人遗憾的是,这一不合理的现象至今未有任何的改善迹象。

再举一例,日本的"清凉商务"(Cool Biz,指进入夏季后员工在正式场合不必打领带穿西装的做法,是日本全国约定俗成的职场做法。——译者注)也存在同样现象。诚然,清凉商务有效抑制了空调等能源消耗,是一种很好的环保行为。然而,若是按照日本人的"从众"模式,哪天政府一声令下,宣布全国进入"清凉商务"阶段的话,即便那天还是5月的第一天,南北寒暑也可一概不问,大家统一摘下领带,脱下西装。坦率地讲,面对这种极不合理的方式,日本人也会唯唯诺诺地接受。试想,5月初,北海道的带广等北部城市还刚刚下过雪,那里的公务员当如何是好?依我之见,领带摘不摘,什么时候摘,标准很简单,那就是取决于当天的气温,并尊重个人判断即可。把5月1日至10月末固定为"清凉商务"期的做法不仅忽视各地气候差异,更有悖于个人习惯和喜好,缺乏慎重考虑,不过是"为了统一而统一"的生硬规定。我都怀疑,这到底是不是一个高度文明发达的国家政府提出的倡议。

同时，这样匪夷所思的做法，不得不让人理解为也是对领带产业单方面的"欺凌"。

总而言之，政府走到台前下令全国一律摘掉领带是荒唐至极的，而默不作声跟从其后的大部分民众难道就不可笑吗？"清凉商务"的初衷是节能和保护环境，比起一门心思规划什么时候脱下西装摘掉领带，我们更应该着眼于珍惜能源和重视环境本身，带着这样的意识切实从点滴做起，贡献自己的绵薄之力。在制定具体政策时，政府不能一手包办，而应向全体国民认真说明，使其做好充分思想准备，在此基础上提出希望国民积极配合的倡议。面对政府倡议，每个国民通过独立思考并用自己的方式予以支持。如果不能做到这些，那么就难以称作是一个成熟的国家和社会。颇具讽刺意味的是，我还时常会撞见一边将空调调至低温一边穿着所谓"清凉商务装"的场景。

诚然，遵从政府实施的经济政策是理所当然的事。然而，这不是盲目跟从，其核心是要符合经济理论和经济规律。如果日本政府真正有意主导推动节能的话，可以在每年7月下旬至8月固定的电力不足时期，针对12点—16点这一时间段大幅提高电费，通过有效的市场机制引导节能行动。在此基础上，政府再充分说明用电高峰时期的电力短缺实情，晓之以理，使民众进一步理解节能的重要性和必要性。同时，仿照往年形式提倡在电力剩余的夜间时段节能或许也不失为一种做法。

现代社会早已发展成为一个复杂的高度化有机体，政府依靠单纯的"发号施令"已经无法满足时代的要求。国家要发展，社会要进步，都需要政府本着合理性的原则，通过有效整合多项政策拿出实实在在的成果。我相信，即便是早已习惯那种缺乏个人独立思考、"整齐划一"文化的"过来人"，也不希望日本成为一个只会听着号令"向右看齐"的僵化社会。这不仅仅是针对国家政治而言，每个国民个体也应当学会独立思考，尽最大努力致力于构建更加合理的社会生活规范。

未来之论②

过个有品质的假期

诸位，每年的夏季假期过得开心吗？我这样问其实是有理由的。因为休假的重心不在于时间长短，而在于身心是否得到真正的双重放松。

许多人都认为，日本人始终处于"过劳"状态，没有享受到欧美那样的大型连休。这种固有观念自很早以前就有，而且根深蒂固。然而现实中通过接触工作前线的欧美白领和经营者们，我多次感到，这并非完全属实。

可以肯定的是，欧美人在工作时间内全身心地投入，高度集中，其认真程度或许超乎许多人的想象。社会上流传着欧美国家大型连休长假一般都在3个星期以上的说法，但我接触过的欧美经营者中，真正休假如此之长的人少之又少。或许，世界节奏加快，人们的生活变得更加艰辛了？不管怎样，出于工作关系，我接触到的大多为欧美金融机构人士，可能事实仅限这个业务领域，我个人感觉，欧美商界人士的大型连休长假正在逐渐缩短。

如果抛开连休天数，而是通过累计天数计算的话，日本其实属于"多假日型"国家。在全球发达国家中，日本全年节假日的总数高居榜首，政府还在酝酿再增加一个"山之日"。

目前，也有人批评指出，盂兰盆节、正月和黄金周休假人数异常集中，都成了日本的独特文化了，到处混杂、堵塞，毫无休假氛围和放松效果。的确，长假期间长途跋涉返乡省亲途中白白耗费的时间和精力的确很多，但是集中休假绝非日本特有的现象。在欧美，复活节、圣诞节等等特定长假期间，人们同样面临拥挤不堪等烦恼，在伊斯兰国家，每逢"斋月节"，公共交通往往都是人满为患。

我想，日本人对于自身休假存在的诸多不满，或许不是因为时机不理想，也不是因为时长不够，而是在于休假质量较低吧。比如，好不容易休上了假，有人就开始将阅读某本畅销经营学读物或是将充电学习纳入假期计划。其精神的确可嘉，可细细想来，这些不是应该在平日工作当中就完成的事吗？如果把休假和工作总是混为一谈的话，假期过后深感"和没有休假无异"也就不足为奇了。远离一成不变的日常生活模式，调节心情，换换脑筋，重整旗鼓，积蓄力量"以备再战"，这不就是休假的目的和意义所在吗？凡事要重实效。我认为，休假期间最好将工作抛至九霄云外，全身心地享受。这样才能达到放松的目的。

我本人也是如此，每年都会申请一周到 10 天的夏日假期，主要是前往欧洲旅游。这两年，我十分喜欢的方式是坐上干净舒适的渡轮一地接一地游玩。旅途总是惬意的，享受一顿意式大餐，品上一杯红酒，而后美美睡去。一觉醒来，船已从这个港口抵达另一港口。下了船，早有观光大巴等待，便坐车尽情领略当地城市风光。夕阳西下之时心满意足地再重返渡轮，朝着下一个目的地出发。在我的眼中，休假内容一定要与从商这个身份毫不相干，能够享受与日常生活相去甚远的乐事，而且必须吸引自己，使我连续几年都兴趣不减。

如果说，总是受到工作干扰，不能全身心放松，那么必然导致休假效果不佳，那么反之亦然，正常工作期间夹杂各种休假，也一样会累积烦恼。工作时拖泥带水，今天休息一下，明天放松一番，难以高度集中，导致效率低下。这样的做法更应该受到严厉的批判和指责。

2013 年 6 月末，安倍政府提出《白领劳动时间限制免除法案》，将其作为成长战略内容之一。根据该法案，日本将重新调整白领劳动评判标准，由过去单纯的劳动时长变为依据劳动成果的方式，计划于 2016 年试运行。新的制度将鼓励员工最大限度提高工作效率，注重工作实效。只要拿出实际成果，即可下班回家，或是自由休假。我对这一基本理念深表赞同，因为它指明了解决现存问题的合理方向，为今后进一步提出更好对策奠定了基础。

　　遗憾的是，此次制度设置了一个门槛，将适用对象限制为"年均收入在1000万日元以上的高度专业性职位"，从而有很大局限性。原本是个很好的政策，结果却"半途而废"，实为可惜。殊不知，要创造丰富多元的社会，每个个体必须拥有充分自主权选择适合自己的工作方式。政府与其在此设限，不如认同和允许多样化工作方式的存在，通过行政手段引导人们相互尊重彼此工作方式和特点，构建一个更加和谐高效的社会。

　　人生中再没有比时间更为宝贵和值得珍惜的事物了。作为一个走入社会的成熟之人，理应以饱满的热情全身心投入工作，尽可能避免浪费时间，提高效率。正因如此，看似与工作互为矛盾的休假才变得如此珍贵，人们才会在假期中寻求远离日常生活的模式，彻底放松身心。甚至，高质量的休假正是产生于科学合理的工作方式之中。对此，读者的意见如何呢？

未来之论③
宫内式读书法

如今，人们处于一个互联网高度发达的时代，年轻人逐渐与书本渐行渐远，信息收集个性化越来越强，媒体渐失往昔光彩。这不禁令人深感，世界真是变了！至于传统媒体未来如何重整旗鼓，与新兴网络信息进行对抗，我没有什么特别兴趣。相比之下，我更在意的是读书。时至今日，我仍然坚信"书籍是人类进步的阶梯"，读书可以丰富知识，陶冶情操，是个人内在素质发展的基础。要实现这一目的，唯有阅读，而且必须是纸质书籍。因此，对于通过网络等电子形式进行阅读的现象，我倍感惊讶，也略带一丝不安。

言归正传，电子阅读的是非暂且搁置一边，在此我愿与读者们分享一下自己这个属于"旧时代"之人的读书之"道"。说起我的读书习惯，毫无神秘可言，一句话即可概括。那就是坚持一个原则——时刻保持手中有3本左右风格各异、性质不同的书，同步平行推进阅读。保证所选的

3本书内涵和意义各不相同，这是最为关键的。

先说第一本书。这本书必须是个有嚼头、耐啃食的"硬货"。书本内容未必有趣、生动，令人心潮澎湃，关键在于一定要是商业人士、步入社会之人的必读之物。这是它的定位和意义。总而言之，书本内容要有难度，要求读者若非时间充裕，气定神闲，且自发提兴阅读，便难以理解消化。因此，这类书不需达到多高的数量目标，追求的是读后获得的满足感和成就感。整体来看，第一本书大多涉及经济、政治和历史等领域。

关于这类书，我刚刚读完的是伊恩·布雷默（Ian Bremmer，欧亚集团总裁。——译者注）的《G0后的世界》，在此之前是岛田晴雄（日本千叶大学校长、经济学家。——译者注）的《盛衰》。最近开始阅读的则是船桥洋一（日本著名评论家。——译者注）的《倒计时·炉心溶化》上下两册。在此，顺便与诸位读者多说两句。《倒计时·炉心溶化》这本书内容涉及日本2011年"3·11"东日本大地震中的福岛核电站事故，并非什么给人愉快想象空间的纪实文学，而是充满沉重和忧虑之作。或许，身为日本人，"核电"是一个不得不面对的课题吧。目前，这本书随时放在我的手边，一旦自己来了状态，即可细细品味。

第二本书是反映当下社会动向、趋势的时代之作，例如因获得某某文学奖而成为热门话题的读物便属于这一类。

最近我读后觉得引人入胜的有奥田英朗的《做不到》、林真理子的《医神阿斯克勒庇俄斯的情人》等。接下来，我打算着手阅读的是《九十老人：人生之旅回忆日记》，著者是我十分尊敬的前辈田中洋之助先生，此书是他亲手赠予，十分珍贵，我也期待着尽快与这些文字见面。

至于这第三本，选择轻松闲适的大众娱乐类为宜。此类读物优秀作品很多，为读者娓娓道来一个个引人入胜的故事，就像知名小吃"小麦虾条"一样令人上瘾，一旦读起来便爱不释手。比如池波正太郎的《鬼平裁决录》、平岩弓枝的《河畔小馆》等，令人回味无穷。我新近读完的是岩井三四二的《光秀曜变》，以娱乐轻松为主，十分有趣。

就像这样，常备三本性质、风格迥异的书在手中，可以随时结合自己的心情，选择适当的阅读对象。要读第一类"硬货"，必须沉下心来，能够走进去。当你发觉迟迟难入状态，研读这些严肃生硬文字如同嚼蜡时，就可以抛至一边，换上备好的第三类娱乐书，重拾兴趣，轻松游于书海。

试想，如果手中仅有那些"硬货"，一旦碰到难度很大的读物，阅读就会停滞不前，变成一种痛苦，渐失读书的乐趣和动力，我最终会对书本"敬而远之"。但是，此时如果手中还有一本更加易于阅读的"软食"，就会避免这一现象，让自己的读书习惯得以继续，保持与书本的亲密关系。更重要的是，以轻松入手，并持之以恒，无形之中阅读热情和意愿就会高涨起来，为挑战下一本"硬货"创造条件和氛围。

诚然，平行推进阅读三本内容各异的书花费的时间自然大相径庭。一般而言，第二、三类书都是一本接一本地更换，进展顺利，唯有那类难啃的"硬货"迟迟难以进展。我也多有这种经历，其中最长的用时纪录要属大佛次郎的名作《天皇的世纪》，为读完它的全册 10 卷，我整整花了大约 3 年的时间。

我想，之所以要为自己创造这样那样的读书习惯和所谓的"诀窍"，是因为最为重要的是不要停止阅读的脚步，以免丢掉这一良好习惯。在我这个年纪的人看来，现在的年轻人渐渐丧失了对书本的亲密感情，这是十分遗憾的事情。或许我的想法已经陈旧过时。依我之见，纵然时代变化，坚持从纸质书中汲取营养、完善自我，才是真正意义上丰富知识、陶冶情操的唯一方式。

最后，权且让我"王婆卖瓜，自卖自夸"一番。这里介绍的这项"宫内读书术"，虽然没有什么妙诀可言，但可以保证避免进入阅读的死胡同，并且助你最终一定能够啃下那些大块头的"硬货"。效果究竟如何，诸位读者不妨一试。

未来之论④
英语的世界

前几天，我去了东京巨蛋，不过不是去看棒球赛，而是去看橄榄球锦标赛"稻穗杯"（Rice Bowl）。对决的两支球队是职场人代表"OBIC 海鸥队"和学生代表"关西学院大学队"。为何选择看这场比赛，有什么看点？有些朋友想必已经猜出来了，后者是我的母校球队！

比赛十分精彩。直至最后一局，关西学院大学队都保持着理想的节奏，不料却在最后关头被逆转，惜败。至今，我对那场惊心动魄的比赛记忆犹新，每每想起，感觉手心仍为母校捏着一把汗。

自负地讲，我一直以"日本资格最老的橄榄球铁杆球迷"自居。上中学时，学校里除了合唱俱乐部、棒球部，还有触身式橄榄球部（美式橄榄球少儿版）。从中学一年级起我就和同学一起参加、观看各种橄榄球比赛。那时的我，只要一听到"橄榄球"三个字，便浑身热血沸腾。

如果没记错的话，我在赴美留学期间，当地大学橄榄球队的比赛我一场都没错过,从头看到尾。在学生观众席座位上,还立着多块写有队员号码的牌子,大家会在啦啦队队长的统一指挥下,按照要求高高举起相应的牌子。这边的牌子一举起,对面的观众席上就会举起印有漂亮的呐喊助威文字的牌子,两边一唱一和,默契配合。为队员摇旗呐喊的工作不敢怠慢,精彩的比赛自然也不愿错过。一旦看比赛入了神,不知不觉就会忘了举牌,难免招致一顿"臭骂"。啦啦队的任务虽然十分"艰巨",但是置身球场,可以享受着比赛无穷的乐趣,再没有比这更快活的时光了。

说起我曾留学的华盛顿大学,就在前几天,从事务部门的人那里听闻了一些关于它的事,我十分在意。据说,该大学属于当地州立大学,本地学生入学可享受特殊优惠,学费也比一般学生便宜。去年秋天入学的6000名学生当中,本地籍的学生高达4000人。诸位少安毋躁,令人吃惊的事还在后头。来自其他学费较高地区的2000名新生当中,有一半为留学生,其中600人是中国学生,占据着半壁以上的江山。据说,最初提交入学申请的中国学生达到3500人,最终入学的600人是经过激烈竞争和层层筛选脱颖而出的佼佼者。形成鲜明对比的是,日本留学生仅有7人。是个位数而不是零,这值得庆幸,然而与中国学生的数量有着天壤之别。

现在,美国全国各地的大学都在出现上述趋势。可以肯定的是,全美的中国留学生总数已经达到了相当规模。

他们学成回国后，走上各自岗位，成为美中两国之间的"使者"，带动两国双边交流不断加深，并为自己国家的国际化发挥着积极作用。

回想50多年前，赴美留学、走出国门，视野不断拓展，见识不断增长，才有了今天的自己。诚然，时代在变迁，过去和现在的政治经济形势也好，日本的立场也罢，都发生了巨大的变化。但是不管怎样，肩负着未来希望的年轻一代内向自闭，不再勇于走出国门，接触世界的话，这个国家难有光明的发展前景。我真想大声呼吁：年轻人们，行动起来吧！放眼世界，走出去！

占比不到全球人口数2%的日本人要立足世界，需要和各国交流，让其他民族充分了解日本在文化、生活方式等各方面的魅力和优点，增进对日好感。全球其他近98%的外国人如果认同、支持和重视日本，期待与日本人成为朋友，加强交流，那么21世纪的日本就不会孤单，发展就会有光明前景。为做到这一点，就需要必要的交流沟通能力。然而，我们无法寄希望于他人，无法期待世界上近98%的人都拼命学习日语，竭力了解日本和日本人。

世界上一度出现多个重要的语种，包括英语、俄语、德语、法语、西班牙语、印度语、汉语等。其中，日语作为一种较为重要的语言也曾扮演积极角色。到底哪种语言才是唯一的通用语言，谁都无法做出裁定。然而，进入21世纪以后，似乎通用语之争已经分出了胜负，英语作为世界上首个被公认的通用语种开始在国际舞台上牢牢占据"霸主"地位。

英语到底有多重要？简单地讲，没有足够的英语能力，就无法与世界开展交流。日本亦不例外。日本人必须通过英语向世界宣传推介自己的国家，让更多的国家和国民理解日本，同时向世界学习优秀文化和文明。如果做不到这一点，日本将遭受难以计数的损失。例如，达沃斯论坛，它显然正在日益成为各国首脑展开宣传战的一个没有硝烟的"战场"。遗憾的是，最近几年，日本的参加者人数逐渐减少，对论坛的关注度也在不断降低。今后，如果日本能够重整旗鼓，特别是政府首脑在不需翻译的情况下自己用英语清晰、准确地表达日方重大决定，积极开展对外宣传的话，那么日本一定会从中赢得更多的国家利益。

同样，商业亦是如此。但凡国际会议和高层互动，英语都是必不可少。在很多极为重要的场合上，如果日本人能够充分表达自我主张，提出独具日本特色的建议和意见，不仅是对日本，更能对国际社会做出重要贡献。

只要使用全球唯一的通用语言英语，日本人就可以同世界近98%的人充分交流，甚至和身居高位的领袖人物也可畅谈无阻。不知，这是一种幸运还是不幸。不管怎样，只要具备熟练的英语运用能力，自己的世界就会一下子宽广起来。在这样的观念之下，英语教育也开始重视"从娃娃抓起"。人们纷纷从儿童时代就同步学习英语和日语，为未来做好铺垫。而且，一个人只要打下扎实的基础，日后通过自学就可按照自己的节奏和目标不断提高英语水平，将其融为自身的一部分。

当然，英语再重要，对于普通人而言，也不必非要说得同英美人一样流畅，不必像自己的母语一样运用自如。在我看来，语言能力的四个阶段依次为听、读、写和说。因此，只要能够准确地表达自我意思就足够了。或许会有朋友对此不屑一顾：日本已经如此理想了，日本人还要千方百计地去学什么外语，有必要吗？其实不然。英语只是我们与世界交流的重要工具。在此基础上，我们还独自享有世界优美语言之一的日语，以及独一无二的、使用日语便可畅行无阻的美丽国度日本。

其实，学习英语如同创造财富一样，付出总有回报。这种收获千金难换，而且能创造更多无法用钱衡量的价值。我由衷地期待，日本的年轻一代能够带着这样的心态和意识积极走出国门，闯荡世界。

"饮得利斯威士忌，赢夏威夷游大奖！"（得利斯为TORYS音译，指日本三得利公司旗下的威士忌酒品牌。——译者注）是日本曾经的知名广告台词。虽然完全不能与之相提并论，但是如果要我设计一个类似广告的话，兴许是这样的——"掌握英语，就能了解世界"。

未来之论⑤

寄语大学改革

"21世纪大学经营协会"是一个以研究和探讨私立大学经营方式为课题的民间组织,掐指算来,我任职协会理事长也有大约10年的光景了。俗话说,"在其位,谋其政"。既然有这样的背景和经历,今天就让我与读者共同探讨一下关于日本的大学教育问题。

目前,日本的大学面临各种各样亟待解决的课题。除了生源数量逐年减少、财政问题突出等,世界百所知名学府中,只有两所日本大学入围,可谓少之又少,在世界上的存在感微乎其微。让人倍感寂寞的是,在日本妇孺皆知的名牌大学的世界排名竟然在300名,甚至是400名。当然,这种全球大学排行榜的可信度和客观性不是100%,但也绝非捏造,具有很强的说服力。

那么,为何会出现这样的现象?从大学教育对社会产生的重要影响,以及投入其中的巨额资金、资源等方面来考量,无论如何我们都无法对这样严峻的现状视而不见。

日本政府已经意识到这个问题，安倍晋三首相还提出，必须实现10所日本大学跻身世界百所知名大学榜的目标。对此，我深表赞同。

到底问题何在？究其根源，还是日本大学的运营处于劣势，在国际竞争中无法占得先机。这也就是说，是大学的经营管理方面出了问题。具体而言，即大学是否拥有"建立具有竞争力的组织体系""力争变得更加强大"的明确意识。在如何进行有效组织管理和运营的问题上，大学和企业有相通之处。没有竞争力，大学就不会成为强校、名校。

那么，什么才是大学的竞争力？当然不是像企业那样追求高收益。大学与大学之间竞争的是人才，是如何最大限度地培养更多精英，并使其从事具备积极社会影响力的重大研究以及对国家发展做出贡献。做到这一点，或许就能成为佼佼者。一个大学要成为真正的强校，其组织运营就应以此为目标。

谁才是大学的基本构成者？这个问题不言而喻。所以，在校学习的学生应该受到最高重视。教师责任重大，应不遗余力地教书育人，培养德才兼备的优秀学生。这是教师工作的出发点和意义，也是其开展研究和教学的终极目的。能否不断取得相关的更高成果，正是大学这样一个组织体系最为关心的问题。

同为组织运营，其效果也是不尽相同。有的大学甚至数年、数十年之内都难以判断是否真有成果。教师的教学工作是否卓有成效，这是一个很难评价的问题。当然，"功夫不负有心人"。只要坚持不懈地付出努力，最终一定能够获得认可。

纵观日本大学教学现状，教师们对学生日常学习成果的评价工作可谓"尽心尽责"，学生成绩单上都是密密麻麻的 A、B、C 等级和各种分数。换个角度试问，教师的日常教学工作是否也在接受监督和评价？答案是否定的！极端情况下，即便一个教师的教案 30 年一成不变，授课方式也是照本宣科地念念读读了事，他也不会遭到任何批评和指责，仍可高枕无忧。日本大学内部不存在真正的竞争，教师的总体待遇似乎比欧美还要高。

迄今，并非无人指出上述问题。其实，许多带着忧患意识的个人和团体都曾就此提出诸多改革建议。遗憾的是，教师以及大学自身对于打破现状一事态度消极，绝大多数的相关人士更加希望维持现状，所以在解决现存问题方面迟迟难以有所突破。这令人倍感危机。毕竟，大学不是为教师而存在的。

需要再次强调的是，大学的存在意义在于那些希望在校接受深造有朝一日成功走向社会的年轻学生。教师不应成为受益一方，而应作为助推大学发展的重要一翼体现高度的责任感，尽心尽力不断创新教学和取得科研成果。然而，现实中的日本大学把教师摆在中心位置。这也体现出，日本的大学没有成为一个具备有效管理体系的组织。

从私立大学看，其组织构成一般分为经营和教学两大块，前者由包括校外人士在内的理事会主导推进，后者则以教师为主体。也就是说，它们大多采用经营和教学分离的基本模式。在涉及教学内容的重要议题上，教授会拥有绝对的裁决权，全权掌控整个过程。教授会采用多数表决的民主形式，一旦其做出决定，理事会无权干涉或修订，只能程序化地做出事后认可。一般情况下，教授不会触及引起教师反感和有悖其意愿的事项，会上通过的涉及教学议题的学科新设、硬件设施完善等内容，则交由理事会具体实施。

如果是对经营学略知一二的教师，是绝对不会赞同上述运营理念的。所谓大学的组织经营，应完全为实现富有成效的教学而存在，除"以教学为目的经营"再无其他。因此，将经营与教学分离的观念是不可想象的。理事会作为大学的经营主体，其选出的"经营者"即理事长应作为最高责任人以实现更高水平教学为目的全力以赴推进大学的组织建设和管理运营。这也是大学经营唯一合理的模式。教授固然对于解决校内教学议题不可或缺，但在学校经营问题上只能扮演辅助角色。

设置哪些科目，需要什么样的教授，保障怎样的财政力度，这些无一不是事关大学经营根基的重要事项，都必须由作为最高决议机构的理事会负责审议执行，具有高标准教学水平的教师仅是学校的重要经营资源之一。理事会对学校经营负有全责，确定经营方针并据此委托校长等具体实施，继而完成相应的经营任务。不言而喻，校长等具体实施人员必须由理事会选出，在其指导和监督下通过设置学部部长等下级职位建立执行团队，共同推进大学组织运营。如果校长、学部部长是由教师们选出的话，其能否真正贯彻既定经营方针难以判断不说，经营实施责任本身也会变得模棱两可。

有人或许会说，既然现行制度如此不合理，那么日本的大学生们就是"受害者"了。实则不然。纵观世界各国，日本大学生给人养尊处优的印象。因为他们不需要太过用功就能顺利毕业。对此，甚至还有尖锐的批评者讽刺道，日本大学生学习能力的最高峰止于跨入大学校门的一瞬间。理应成为提升未来人生高度的大学四年却成为走入社会之前的"歇脚"场所。相比之下，欧美国家的大学生们时刻面临着巨大学业压力，如果考试不能达到应有成绩，或将被勒令退学，哪里还有什么高枕无忧的"游戏人生"！这种制度的差异，最终导致日本与欧美国家的高等教育差距越拉越大。

进一步讲，我一直对日本的大学入学考试这一制度持有不同意见。或许只是个人的一种偏见，在我看来，在以分数论英雄的考试中，考取第一、第二名次的学生就真正优秀吗？两耳不闻窗外事、伏案苦读背下教科书内容，与走入社会真正发挥作用，这两者是不能完全画上等号的。

大学是源源不断为社会培养和输送人才的基地，要建设一个立足世界民族之林的强大日本，优秀强大的大学不可或缺。而要建设优秀强大的大学，实施有效的组织管理当为首要之务。国家的教育主管部门不应插手大学的具体事务，更不应"从天而降"地单方面指派管理人员入校，而要尽快制定可以通用全球的合理体制、法律基本框架。日本现存的《学校教育法》第93条规定，大学必须设置教授会，以负责审议重要事项。我想，今后教育主管部门相关措施的第一步就应是以高度责任感对这一不合逻辑的法律进行重新审视和修订。

未来之论⑥

年轻人应该关心政治

从2013年夏天的参议院选举开始，曾经被禁止的网上拉票活动正式放开。当今社会已经进入电子信息时代，作为沟通交流的重要手段，网络已高度发达。值此背景，面对政治，尤其是其最重要的组成部分——选举，我们没有任何理由拒绝和摈弃如此重要的现代化方式。

然而，凡事有利就有弊。网络面临的课题在于，如何消除诽谤、中伤等弊端，有效抑制妨碍民主主义实效的负面因素。即便如此，网上拉票活动的解禁仍然利大于弊，而且是压倒性的。只要能够制定充分合理的规章制度，明确是非判断标准，网络作为选举的重要手段，应该得到积极倡议和推广。

有人认为，只要社会发展处于成熟状态，全体国民具备充分的信息筛选判断能力，最理想的状态就是，无论何种形式的选举运动都无妨。正如这一想法中也提到的字眼一样，这仅仅是"理想状态"。当前，我们很难说社会已经进入成熟阶段，而要杜绝肆意将网络用于不良目的的做法又谈何容易？一旦想到这里，心中自然而然地就会生疑，产生认为有必要建立相关约束机制的念头。建立人为的机制固然有一定效果，但是既为民主选举，还是应该回归"自由"这一基本落脚点。如果能够充分发挥网络在选举中的力量，那么将网络已经融为自身生活一部分的年轻一代或许能更加关注政治，其言行可能变得更加积极，可能在选举中主动行使投票权从而成为影响政治的重要力量。可以说，国家和社会正由衷期待着年轻人表现出对政治更高的热情。

那么，网络拉票能真的成为促进年轻人进一步参与政治的突破口吗？纵观日本现存的诸多社会制度，关于纳税、社会保障，以及未来财政赤字的解决等，无一不对老年人倾斜，对年轻一代就意味着不公平和不合理。换句话说，不同年龄阶层的社会保障待遇分化严重，现存的各类制度正是建立在将负担强加于年轻一代的基础之上。如果面对如此不公的现实，年轻人还能视而不见和无动于衷，这可真就怪了。

按理说，年轻人应该义愤填膺地说："荒唐至极！"可是，遭受如此不公待遇，年轻人却坐得住，连一次抗议游行都不举行。这实在匪夷所思。也罢，即便不愿走上街头举行抗议，只要认真对待选举这一参与政治的难得的机会，年轻人总能发出年轻人的心声，形成一股强大力量。遗憾的是，从投票率来看，老年人比重远超年轻人。而且，受到"一票之差"现象影响，大城市选区的不利状况依然持续。在此背景下，身居地方的老年人投入的一票分量十足，影响着日本政治和国家政策的走向，让老年人的呼吁和心声远远盖过那些在大城市里对政治选举漠然的年轻人的主张。

如果这样的失衡局面长期持续，社会保障福利这块"蛋糕"十有八九都会成为老年人的口中之食，年轻一代只能口袋空空如也，甚至要收拾负担沉重的摊子，以致丧失活力和动力，最终只留下一个停滞不前的黯淡社会。直面这样的现实，年轻一代就算漠不关心哪个政党上台，也应该为了追求社会公平，以高度的热情和正义感率先参与到政治当中。

但是，凡事不可勉强。总有一些年轻人不关心政治，更不会去行使投票权。对于他们，我们暂且不论。作为一把"老骨头"，坦率地讲，我都不禁想大声呼吁：年轻人，行动起来！毕竟，眼前的现实警示我们，提高年轻人的政治意识是无法忽视的当务之急。

当然，也有些年轻人积极通过网络手段收集、整理和分析政治信息，对国家运营给予高度关注，但那毕竟只是很少一部分。从现状判断，仍有绝大多数的年轻人对政治漠不关心。每每想到这里,我都迫切地期待年轻人能更加清醒地认识自己所处的社会位置,一旦意识到不公,应主动做出改善的努力。既然年轻,就应该展现更多的霸气和反抗精神。若没这种精气神,更加美好的社会便无从谈起。

政治也好,经济也好,始终与个人生活息息相关,每个人都应对此持有自己的观点和见解。试想,一个缺乏国民关注和支持的社会,又怎可期待它能发展呢?只有人人关注政治,选举才能充分反映民意。通过选举组建的政府发挥强有力的领导力,充分重视国民关切,才能将个体的想法和希望汇聚并转化成国家的发展方向。

近来,日本的各大政党几乎每周都会进行舆论调查,且其数据分析能力不断增强。政治运营天生对民意异常敏感,甚至有些政治家面对舆论时选择后退,撤回自己曾经的表态。对此,我认为大可不必。诚然,世上总有不尽如人意的政策,政府需要以"舍我其谁"的气魄勇敢走到台前说服国民,继续坚定地向前施政。如果被舆论调查的生硬数据"牵着鼻子走",那不过是迎合大众的低级政治和民主主义。那么,大众的肆意任性和为所欲为最终将扭曲社会的存在形式和长远发展方向。

或许,只有民众贤明,才能实现真正的民主主义。民众愚昧,得到的只能是愚民政治。一个国家要进步,需要个体充分提高自我意识,需要更多贤明之人,担当引领社会的中流砥柱。

以网络拉票活动的解禁为契机,我希望与读者再次探讨上述课题。虽然它有些沉重,但值得每个人认真、严肃地思考。

未来之论⑦

老当自立，少应自强

今天要谈的问题是财政。这个话题既生硬又无趣，对此我心知肚明，然而却是日本无法回避的重要议题。根据日本财务省的统计，截至2014年9月末，包括国债、贷款和政府短期证券等所有形式在内的国家债务总额达到1038.915万亿日元。按照人口总数分摊，国民人均债务为817万日元，GDP比率为200%。根据法国经济学者托马·皮凯蒂的理论，上述比率达到200%其实不足为奇。但是，我对此十分惊讶。

日本这些国家债务大半形成于最近20多年，也就是包括我在内的老年阶层活跃在社会各个工作岗位的时代。可以说，这是一笔让整整一代人无不为之震惊的巨额债务。长此以往，这些负担将原封不动地转嫁于年轻一代身上。如上所述，时代的原因，或许可以说老年阶层为日本从瓦砾中重新站起来并实现高速发展做出了重要贡献，但并不集所有功劳于一身。对于这一事实，我们需要理性和客观的认识。

有人认为"从国家资产负债表看,现金不过是以固定资产的形式存在而已。老一代为子孙们留下了一笔丰厚的社会财富"。然而,事实果真如此吗?恐怕,债务的绝大部分早已被消耗殆尽,留下的资产想必少得可怜吧。从一名企业管理者的角度看,资产必须依据时价进行评估。如果采取损耗方式的话,资产的价值就会大幅缩水。按照这一标准,或许资产评估的时价仅存20%—30%,甚至这一估算数值稍显乐观。

目前,日本社会中那些一手酿成"巨额债务"但仍然身体健康拥有足够劳动能力的老年人比比皆是。他们手中的财富远远多于年轻一代。然而,令人不解的是,这样的老年人却抢在众人前面叫嚷"进一步提高医疗、护理的公费分摊比重"和"消费税增税实在难以接受"。同为老年阶层,如没记错的话,与我同一年代的人曾经都是怀着强烈的自立之心一步步艰苦奋斗地走过来的。批判政府的不当之处且希望政府打起精神做得更好,这都完全可以接受,但是若把公共福利看成理所当然之事,或是要求政府为一切"不如意"买单,那就过分了。

依稀记得,过去社会有着一种良好的氛围,即一旦国家和政府做了利民之事,民众总是诚惶诚恐、心存愧疚。可是,这种心态和意识为何就悄然消失了呢?且看身边的例子，比如在医疗问题上，目前，实施高龄群体公费注射流感疫苗的地方城市不在少数。试问，老年朋友对此难道就不觉得别扭吗？

我认为，要准确定位福利事业，思考和理解福利社会的意义及其成本十分重要。严格来说，一切都由公费承担的做法不能称为真正的福利社会。所谓福利，应是集社会全体之力共同保障真正的弱势群体。这些弱势群体最初与其他人一样，依靠自身力量自强自立，充满责任感，但最终其生活陷入窘境。纵观现状，社会各界对福利概念存在着错误的理解。老年人将福利视作普通的社会公共基础服务之一，政府为维持和扩充这一体系耗费巨额财政资金。为此，年轻一代不得不背负沉重债务，面对满目疮痍、形同虚设的社会保障体系。

此前，日本政府正式决定推迟实施消费税提高至10%的计划。有人说，如果增税计划按照原定时间如期实施的话，或许增加的税收部分可以用于完善社会保障体系。对此，我不敢苟同。个人认为，增税收益应该用于国家财政建设。既然已经决定推迟增税，那么政府应当将此段时间视为一个难得的时间缓冲带，就增税收益的用途做进一步探讨和验证。在此前选举中，自民党取得预期战果，安倍政府有了更大的余地和充分条件实施其提出的"税与社会保障一体化改革"方案。同时，我也认为，这一改革意义非凡，不应以地方统一选举、自民党总裁选举或参议院选举等各种理由推迟实施。

也应该看到，现在日本年轻一代以及新生一代从一出生就被动地背负上巨额的国家债务，这是极为不公的，也是不合理的。然而，日本的老年人对此十分冷漠。说起来原因，再简单不过。年轻人个个默不作声，没有任何怨言，如果他们内心真的在想"现在的社会如此富足，交给我们偿还便是"的话，那么我们老年人真的会乐得合不拢嘴。那时，只要轻松地拍拍对方的肩膀，丢下一句"那就拜托了"便可万事大吉。

然而，事实又是如何呢？如果我是个年轻人，一定会稍显不满。由于本人性格温和，或许发发牢骚消消怒气也就作罢。要是生性刚烈之人，没准儿会强烈抗议。如今，日本的年轻人总是显得漠然冷淡，实在匪夷所思。坦率地讲，我真想探知一下年轻人的内心世界，试问他们，真的心甘情愿接受这样不公平的现实，替全社会为债务埋单吗？

成人节过后，许许多多的年轻人将步入人生的新阶段。借此机会，我也想送给年轻人几句话，由衷地希望你们更加主动、独立地思考当前社会，思考这个时代，并且发出自己的心声。国家富足不会一成不变，社会基础是一个脆弱之物，随时面临各种潜在危机。今后的时代是属于你们的，需要每个人带着强烈的主人翁意识通过自身努力奋斗。

老年朋友们，我们心安理得地假扮社会的"绵羊"坐享福利，真的合适吗？我相信，许多人与我一样，身体仍然硬朗，希望依靠自己的双手自立生活。同时，我也想问问年轻的朋友们，真的甘做被"狡猾的山羊"（老年人）牵着鼻子走的羊群吗？

未来之论⑧

寄语走上社会的年轻人

对于大多数日本公司来说，4月1日这一天的头等大事，就是新员工的就职仪式，公司的老板还要为这些"一年级新生"上堂课。

这项重要活动有个前提，即新员工都要有着"同期生"的心态，在今后的岁月中风雨同舟，并肩作战，并且抱定为公司奋斗终身的决心。没有这种心照不宣的默契，活动就只会流于形式。遗憾的是，世风逐渐在变，据说新员工当中有三成在工作三年以内会选择跳槽。

面对眼前或将把自己的职业生涯完全托付给公司的新员工，我的讲话语气或许也会有所调整和变化，没准儿听起来给人"倚老卖老"的感觉。但是转念一想，无论如何，对于新员工而言，这是步入社会的第一天，听听前辈的话总归没有坏处。借着这篇文章，作为一个过来人，我愿送给开启人生新篇章的新员工、新白领几句心里话。

企业无时无刻不在渴求人才，其定义的标准也在随着时代变迁发生变化。未来，日本企业需要的是具有特色的专门人才。与此不同，在工业化的20世纪，社会大量需要物美价廉的商品和服务。同样，企业追求的也是能够独当多面的复合型人才。

随着时代进步，日本这种人才需求已于20世纪80年代画上句号，类似现象更多地则转移至新兴发展中国家。那么，21世纪的日本应当如何？依我之见，新世纪的日本应该向世界贡献的是在"知识集约型"社会崭露头角的新型人才。当今时代，博弈的是头脑和知识，是为世界创造新的价值。高度专业化的人才会聚一堂，集思广益，切磋交流，最终能否创造新的商品和服务，将决定着企业的存亡。换句话说，现代社会需要的是个性鲜明甚至"棱角"突出的人才团队。

置身这样的时代，步入社会的新员工应当做什么？我的希望就是两个字：学习。从广义上讲，工作是一个不断学习的过程。没有不懈努力，就无法立足于社会，无法成长。从这个意义而言，走入社会以后，需要的不是爆发力，而是持久力。无论你从事的工作多么微不足道，都要把每个细节视为一种机遇，放在宽广的视野中去思考看待。保持这样一种谦虚谨慎的学习姿态十分重要。同时，无论何时，都要带着问题意识，抱着"打破砂锅问到底"的精神。希望各位新员工在今后的工作中不必在意涉足什么领域，要锲而不舍，扎扎实实地从中一点一滴地积累专业知识。

假设大家就职后进入公司会计部门担任税务处理工作。千万不可眼高手低，一定要将从事此项工作视为一种幸运，主动学习税务知识，同时又不囿于税务内容，积极涉足企业会计、管理会计等其他领域，开展横向对比研究，掌握不同专业方向的特点、不同和思维方式，扩大学习范围。可能的话，最好进行会计制度的国际比较学习，研究国际财务报告准则（IFRS）、美国会计准则（USGAAP）等的不同……这样，学习领域就会越拓越宽，视野也会越来越广。扎扎实实地学习三年下来，你就会具备专业水平。

专业知识自不必说，要想走出国门，成为全球通用人才，不可或缺的是英语能力。试想，全球人口70亿，日本人仅占2%，而使用英语的占98%。英语的重要性不言而喻。世界在发展，时代在变化，各国的交流日益加深。必须深知"黑发苦学"的重要性，趁着年轻扎实学好英语。如果你想走向国际舞台，并且想一显身手的话，那么在掌握英语的基础上若是能再掌握一门外语，便是十分理想的了。

今天，大家齐聚一堂；不久，各位即将奔赴不同的工作岗位，开始各自的职业生涯。请务必记住，无论哪个部门哪个岗位，"人"始终是最基本的构成单位。只要个体强大，能力突出，整个组织就可无坚不摧，实现成长和进步。无数前辈通过不懈努力打下了坚实的基础，希望各位以此为支撑，怀着"舍我其谁"的自信和激情带领自己所在的部门更上一层楼。通过自身努力工作，不断拓展这个精彩的舞台，在为社会做出贡献的同时实现自身价值，在挑战各种不同工作的过程中不断获得成就感，不正是一个步入社会之人的成长吗？

当然，生活中不乏许多独立创业的年轻人。对于他们而言道理也是一样。所谓商业，即创造商品或服务，其要诀在于有效整合人才资源，将其形成合力并加以灵活运用。以一己之力创造一个舞台绝非易事，但我由衷期待着今后能出现更多怀着这种气魄和胸怀的有志青年，甚至是引领未来经济潮流的领军人物。

未来之论⑨

展望半世纪后的日本

2014年，正值欧力士创业50周年。对于风雨兼程一路走来的欧力士集团，它是个值得纪念的重要年份。50年，对于个人也好，对于企业也好，一定都是一段沉甸甸的时光。对于一个国家和民族，又何尝不是如此呢？值此之际，我想通过这篇文章与各位博友共同回顾一下半个世纪前的日本，展望一下半个世纪后的日本。

1964年，欧力士的前身——东方租赁有限责任公司（Orient Leasing Co., Ltd.）"呱呱坠地"，应运而生。如果说那一年的历史大事，非东京奥运会莫属，当时的场景至今仍然历历在目。首次承办享誉全球的体育盛事，用我自己的话形容当时的日本就是"泥土气息的乡下人喜迎优雅干练的城里人，从头到脚兴奋不已，惴惴不安"。

当时，公司总部还在大阪，若要前往东京出差，包括我在内的年轻员工只能选择夜行大巴，"披星戴月"地颠簸7个多小时，清晨一早抵达东京车站。方便的是，东京车站周边设有专为我们这样的出差之人服务的澡堂、食堂等。下了长途大巴，大家洗漱用餐，一切收拾妥当便可精神抖擞地奔赴工作。是年10月，日本的第一代新干线问世，华丽地驶上东京至大阪的长长轨道。当时，如此高速的列车即便在世界上也属罕见。全国上下都洋溢着无比的欣喜和兴奋，那种积极向上的氛围在今天的日本社会是难以体会到的。

东京奥运会上，日本女排表现出众，让全国民众为之疯狂，并一度被冠以"东洋魔女"的美誉。若我没记错的话，电视收视率应该高达65%。总而言之，日本整个社会处处充满着热情向上的氛围，人人干劲儿十足，内心坚信明天一定会更好。

历经半个世纪的发展，日本已然成长为一个成熟国家。我认为就是发展目标已经从"量"进化到"质"。可以说，今天的日本国富民强，社会和谐稳定，发展处于正轨。整体而言，正日益接近"欧式"国家。不过，是不是有些过于保守了呢？我总感觉，虽然美国社会不免存在一些令人不安和恐惧的因素，但是日本有必要在社会发展模式上保留一些那样的活性成分。否则，社会就会止步于现在的水平，即使希望前进恐怕也是"心有余而力不足"。从这个意义上讲，日本只要找到合理的发展模式，仍然有继续提升的空间。潜力仍在，却早早地过于"老成"，只剩"求稳",是件十分遗憾的事。因为进一步发展能够推动社会文明水平更上一层楼,为国民创造更加安居乐业的现代生活环境。

展望半个世纪后的日本,我隐约感到担忧和不安的是,社会或将变得人人都把问题推给他人,即希望社会全体共同面对个体的痛苦,或者共同分担个体的责任。诚然,社会保障制度的不断完善,越来越促进以社会全体合力解决个体的关切和困惑。反过来看,家庭作为社会基础单位,其扮演的角色又当如何定位呢?似乎,这个问题愈加变得"无解"。可以说,"个体痛苦的社会化"这一现象已经开始日渐扎根,不容忽视。

"个体痛苦的社会化"程度的加深所导致的是社会为接纳这些"规模化"的"痛苦"背负更加沉重的经济负担。如何解决这一问题业已成为摆在我们面前的重要课题。然而,若是不能提高紧迫感,抓住当前时机对个体、家庭和社会理应扮演的角色进行正确定位,以超前意识规划50年后的日本社会建设蓝图,真等那一天来临时,或许会措手不及。

对"个体痛苦的社会化"的接纳绝非易事。作为前提,个体应最大限度地保持自立,以独立自强意识立足于社会。一言以蔽之,当下,我们应该认真着手对日本50年后的国家建设和社会发展模式进行超前规划和科学设计。

我期待着，半个世纪后的日本能够成为更加安居乐业的文明社会，而不是被那些"只会大声空喊的人"拖了后腿。我也希望通过这篇博文与诸位共勉，带着些许的危机意识携手致力于为今后的社会发展做出贡献。

未来之论⑩

期待体制改革

日元贬值、股价上涨的趋势正在逐渐加强。1990年泡沫经济破灭之后,虽然日本经济一度有过几次增长的征兆,但都未能长久,短时间内便又回到常态,最终没有实现真正意义上的复苏。随后的二十多年里,日本整个国家发展陷入停滞,止步不前。原因是多方面的,但我认为,其中不可忽视的重要因素是始终未能彻底摆脱通货紧缩的基本困境。"安倍经济学"提出经济政策的"三支利箭",第一支就是摆脱通货紧缩。

在执政方针演讲中,安倍首相就"安倍经济学"的第三支利箭实现"成长战略"进行了着力宣传和说明。这固然很好,只是这一理想骨架尚缺乏有血有肉的具体内容,政策本身也未给出明确的方向。或许,从某种意义上讲,一项国家政策的出台理应遵循这个节奏:先提出设想和框架,再就项目分类展开讨论,确定主题板块,出台文件,最终制定具体实施办法。看起来似乎无可辩驳,但在这个问题上,日本不可不急不慢地来。

原本,"成长战略"的实施主体并非政府。众所周知,民间力量是经济发展的主要推手,处于核心位置的是企业。其中,政府扮演的角色是创造更加有利的环境,使民间活力得到充分发挥。概括起来就是:政府准确自我定位,制定科学的政策规划,从行政层面摇旗助威;民间力量特别是企业开展富有成效的经济活动,肩负创造财富的重要任务。对于经济发展而言,这种合理的运作模式和角色分配最为重要。

首先,政府要为企业参与全球竞争创造有利的外部环境。在全球化进程不断加快的背景下,政府需要着眼世界,通过国际横向比较,认真查找不利于本国企业参与国际竞争的不利因素并加以改善。当前,最大课题当是"泛太平洋战略经济伙伴关系"(TPP)。

一直以来,日本以"保护农业"名义每年投入巨额财政资金,对来自美国的农产品等实施高关税。试问,日本农业处在国家保护的"温室"之中,这样就真的变强大了吗?答案是否定的。事实是,受此做法影响,日本在贸易领域陷入严重不利局面。所幸,政府没有等到问题积重难返,已经开始就现存政策的利害关系进行权衡,并着手提上议程。日本加入TPP之后,本国企业在开拓国际市场时将享受与其他外国竞争对手平等的条件,这一利好结果值得期待。

其次，庞大的既得利益群体已经严重阻碍了日本国内经济的进一步发展，政府应坚决予以破除，为所有民间企业提供公平正义的竞争环境，进而使其能够创造更高社会价值。换句话说，这一政策的核心就是体制改革。纵观国内，传统体制设下的各种"门槛儿"多如牛毛。时至今日，仍有很多领域因制度限制无法正常开展自由竞争，无情地将民间企业拒之门外。在这些没有竞争、缺乏活力的领域里，特定的受益企业丝毫没有生存压力和忧患意识，不温不火地慢慢挪步，最终拖了日本整体生产效率的后腿，成为严重阻碍经济发展的"拦路虎"。立足国家发展大局，打破各种陈旧壁垒的体制改革始终是重中之重。作为一个经济人士，我认为，政府今后的改革内容主要应涵盖两点内容。

第一是制定"两表"，即改革整体推进流程表和时间表，明确具体的实施方法和进度设计。"凡事预则立，不预则废"，这是推进改革的当务之急。

但凡改革，势必经历反复研讨和漫长讨论。过程固然重要，关键则是最终如何归纳形成文字性的建议。同时，各个政府部门如果对此难以统一意见，又该如何有效沟通，通过何种程序最终拿出结论？这是一个十分重要的论题，必须做好事前规划。简而言之，无论建议多么富有远见，不能被政府合理采纳并付诸实施，都不过是一纸空文。

我曾经参与助推政府体制改革工作的一些事情。虽然已经过去多年，但从个人经验而言，当时的改革流程十分清晰，即"改革会议所提建议通过内阁决议被采纳是关键，而后才有可能转为实际政策交由各个中央部门落实"。当然，能够通过内阁决议的一定是具有重大参考价值、不容忽视的建议。在推进过程中，改革会议也与有关多个中央部门进行了细致的沟通和不懈的交涉。虽然过程艰难，但好在事态一直缓慢向前发展。那时，我原本认为改革进度迟迟处于"匍匐"状态，对其不持乐观态度，所幸还是有所进展。

相比之下，实施此次改革的助推组织改革会议刚刚成立之后，存在些许不利之处。虽然并非不可为之事，只是上述提及的"两表"等前提条件尚未明确，总给人一种"地基尚无便要垒砖"的感觉。或许，我只是"杞人忧天"，在这种情况下迫不及待地进行"献言献策"，其实际效果如何，是否能够得到有效落实，实在令人担忧。与其操之过急，不如严格尊重事物发展的内在规律，厘清思路，先制定完整的推进流程表交由政府审议，在了解清楚政府的意向、措施之后，根据实际的操作性做出明确判断，再稳扎稳打地切实推进改革步骤。

第二是探索制定一到两个当下能够立即贯彻实施的具

体改革政策。之所以如此，是因为如果赶在整体改革实施之前打出几张强有力的"先头牌"，会带来掷地有声的强烈效果，为推进改革造势。作为一项繁杂的系统性工程，要出台完整的改革建议报告需要耗费大量的时日，加之即便实际落实，要让国民在日常生活中切实感受到实效更是一眼望不到头。因此，改革会议在初期应确定几个近期议案，全力以赴拿出结论，促成政府采纳并实施，为接下来的大规模改革赢得头彩。

上述改革的"先头牌"，其内容必须是符合国家政治利益能够短期拿出定论并且带来实效的议题。我个人认为，例如扩建保育园减少"排队等待入园儿童"的数量，通过增加建筑容积率改造房屋以增强防灾能力以及提高建筑的防震性等，都是有价值的项目。

未来之论⑪

一个更为乐观的国家

出差去了一趟美国，走在久违的纽约第五大街，依然能感受到它不变的繁华和热闹。还有一个重要感触：中国人更多了。无疑，因为地缘优势，南美人也很多，但其存在感比起中国人仍然略逊一筹。中国人声音洪亮，身段华丽，十分显眼。回国时途经了夏威夷，那里给人的印象倒是日本人"势力"暂时处于上风。无论是在威基基海滩，还是在阿拉莫阿那购物中心，日本人的身影随处可见。从他们的身上，我感到一种边拼命"死守地盘"边游玩的怪异气氛。

我接触过不少美国人，工作的缘故他们大多是商界人士。不管年龄如何，身份怎样，每个人都有个相同之处，那就是始终保持着积极向上的心态。他们坚信经济形势正在稳步好转，从不对未来持有怀疑，整个国家都充满着乐观氛围。只要看一看美国城市的现实情景，你就会反复感受到这一点。走进纽约，但凡知名餐饮店从来都是"人满为患",可谓"一座难求"。虽然个别评论家和经济学者也会表现出对未来经济走向的些许担忧,但美国经济整体上展现出的依然是十分光明的前景。

话虽如此,纵观近期股市和汇率,以美国为首,全球资金依然对风险异常敏感,近乎神经质地在世界范围内保持着快速流动。稍有一些消息、数据上的"风吹草动",就会促使投资者们调动敏锐的嗅觉第一时间做出调整。虽然其中不乏明智之举,但是更多的是过度的市场反应。例如,即便是日本股票市场,众多的外国投资者们也保持着高度警惕频繁买进抛出。当稍显不安时就会马上转手,一旦看到盈利势头就即刻买进,思维无时不在保持着高速运转。这样,全球资金始终处于徘徊状态,对更加安全的港湾"寻寻觅觅"。同样,汇率市场也呈现着类似的反复波动的趋势。

在美国就业统计数据稍稍低于期待值的背景下,经济界普遍认为日本货币量化宽松政策短时期内仍将持续,暂无收紧趋势,因此股票市场也出现看涨行情。细想一下,如果就业形势低于期待值,本应成为一个市场消极的信号,不料结果完全不同。连日本人都莫名其妙的是,外界认为长期利率接近1%就会导致国债"消化不良",于是纷纷将其视作负面因素,汇率和股票市场也随之做出反应。在我看来,如果能够实现2%的通货膨胀率目标,那么长期利率理应达到更高水平，而长期利率的上涨未必就会带来消极影响。但令人意外的是，市场却出现了截然不同的反应。

市场作为一个动态有机体，或许存在短期内不按逻辑变化的一面。曾记得有人说过，市场总是处在不合常理的瞬间。但是长远来看，它仍然吸引着众多忠实的参与者投身其中，并引导他们走向正确的方向。从这个意义上说，我们还是应当本着中长期眼光相信市场的合理性和规律性。可是，市场与人生一般，总有无奈之处。既然它最终会给人合理的答案，那么只要置身其中，就不该被每天的市场变动左右，而要心无旁骛地专注于自己的经营。话虽如此，但谁又能真正做到对眼前每时每刻牵动神经的市场动向视而不见呢？

如果能够真正进入中长期性增长的节奏，对于日本经济而言无疑是20年以来久违的捷报。当前，经济形势不容乐观，充斥着不安定因素，对世界造成巨大冲击，各界也在期待着作为经济大国的日本通过自身复苏为其注入强心剂。可以预见，世界将向日本投以更多关注的目光，自然而然地提升股市活力。

此前，我应某投资银行邀请就日本经济形势做了一场演讲，听众都是来自世界大型投资公司的首席投资官。他们全为了解"安倍经济学"的真实情况专程来向日方经济人士讨教。那天，会场座无虚席，目睹大家一丝不苟的样子，我深感外界对日本经济未来走势的极大关注和希望亲自确认一番的迫切心情。想来，那次也是日本时隔多年再次受到外界众多关注。

在演讲中，我强调，日本社会高龄化、少子化进程正在不断加快，这虽然是不容忽视的严峻课题，同时也为经济成长创造更大空间。只要政府科学规划发展蓝图，加上民间拧成一股绳拿出集体智慧，进行不懈的创新改革，日本一定拥有光明的前景。在说这番话的时候，我是真心希望外界能够体会，处于低迷状态的日本比任何一个国家都更想早日重拾信心和活力，更加积极地向前迈进。

未来之论⑫

21世纪的国家建设

　　岛根县松江市原是"城下町"(日本古代封建领主城郡周边繁华的地方城镇。——译者注)。市内建有护城河，现在经过改造，游客可以乘坐小型游览船，听着船夫老练悦耳的介绍，环水而行尽情欣赏城内和市街风光。每艘游览船可以容纳十多人，我乘船时，游客络绎不绝，水边熙熙攘攘，热闹非凡。

　　松江市位于素有"神话之国"美称的"出云国"(日本古代地方行政区划之一)境内，江户时代当地又设松江藩，孕育了独特的武士文化。此外，该市文化、历史底蕴深厚，除了松平不昧老先生创立的茶文化传统，近代还出现了知名作家小泉八云，增添了更加绚烂的文学色彩。更值一提的是，旧城遗址中的国宝"天守阁"和市内的"央道湖"魅力十足，堪称当地的极品景观。城市在发展现代化的同时，充分保护文物旧址，保留着昔日古风，大学、美术馆等教育文化设施一应俱全。从我这个游客的视角看，这样的生活空间舒适、惬意，充满情趣，市民的幸福指数一定很高。

由此，我按照自己的思考得出一种假设，即"拥有古城的中等城市必然宜居"。因为，但凡"城下町"，大多有着不俗的文化积淀和历史底蕴，当地居民一定心怀特有的自豪幸福地生活着。

这个假设的核心词是"中等规模"。如果是百万人口的大型都市，所谓的追求效率，抑或是重视设施建设，都势必破坏城市的古风古韵，会将那些美好的历史故事埋没于现代的尘嚣之中。同时，如果城市规模过小，则无力最大限度发挥自身的文化沉淀，也不理想。究其原因，不成规模就难以形成强大的向心力，无法吸引民众会聚而来，从而缺乏厚重感。

如果非要通过具体数字说明的话，合理的中等规模或在 20 万至 50 万人口。摊开日本地图，就会发现符合这一数字的理想城市不在少数，除了松山、金泽、岐阜、高知、盛冈、津、水户、福井、松本，还有规模略小一些的弘前、会津若松等。在上述城市中，传统文化情趣和发达的现代社会公共设施服务完美地结合在一起，教育、艺术、商业等也十分兴盛，适宜人居。

诚然，仅靠这些，地方文化都市建设通过一般手段难以实现。最近，我饶有兴趣地读了某位社会未来学者展望

2052年世界景象的一本书。该书预测，届时，地球自然环境将被过度侵蚀，人类纷纷集中在防灾体系完善的大都市中。换句话说，80%的人口都迁居都市，往昔生动多彩的田园风光将不复存在。这是极为消极的预测结果，可是，这样下去真的可以吗？

且看日本现状。在拥有如此强大经济实力的国家，如果有朝一日国民过度集中在东京一座城市之中，造成大型都市"一极化"的极端现象，那么日本将面临存亡之危。试想，一旦东京遭遇大型事故或灾害，必将导致日本全国陷入瘫痪。此前的福岛核电站危机，再次证明这种潜在危险正在进一步上升。因此，作为一个拥有1亿多人口的国家，日本的危机管理现状着实堪忧。

明治时代以来，日本的主要社会特征为依靠中央集权形式推进国家建设。正因为这样，日本整个国家早在几十年前就形成以东京为政治中心、大阪为产业中心的两极分化局面。同时，众多都市分散各地，完全不必担心一极化风险问题。可以说，那时的国家整体结构较之现在更加合理、平衡。遗憾的是，近年来，伴随经济一体化，东京日益成为令其他城市望尘莫及的一极化中心，大阪的地位和影响不断下降，地方城市衰退现象也日趋突出。长此以往，上述极端的一极化都市进程或将加剧。对于日本而言，这样的发展趋势合理吗？

我认为，在可能的情况下，应当吸收日本之前的优良做法推进多方位多层次的国家建设，地方主要城市的发展也应积极吸纳和包容散发着浓郁文化气息的"城下町"。如果做到这些，日本的国家发展和社会建设一定能够具备足够的文化底蕴，真正成为国民的精神家园，这也应该成为日本未来国家建设的理想模式。

然而，现实正在朝着相反方向发展。目前来看，关西地区重夺昔日霸主地位暂时无望。在地方层面，以札幌、仙台、福冈为代表，百万人口规模的都市集中化进程也在日益加快。极为可惜的是，作为日本社会最可贵之处的地方中等都市也在日渐衰退。谁都希望能够改变这一趋势，尽力留存地方城市的优点。或许，值得探索的核心模式，正是"拥有古城的中等城市"。

即便不能一蹴而就，暂时通过一定程度的城市分散或分权，保留意义非凡的"城下町"，也是功德无量之事。从根本上讲，需要形成一种积极的社会氛围和意识，更加重视具有历史、文化积淀的地方核心城市的存在和建设。历史、文化和现代化，三者如何实现完美结合，这是新时代下城市建设和广义上的环境保护面临的课题。进入21世纪，如果不能未雨绸缪，认真就国家建设的长远蓝图设计进行充分讨论和探索，那么未来某天再回首时，心中留下的只会是无尽的懊悔。

21世纪的环境问题日益严峻。着手解决这一课题之前,极为重要的是要明确我们究竟需要守护什么,并将此提到国家整体目标的高度。

后　记

在撰写本书的过程中，我得以重新回顾了自己的来时路，情不自禁地感慨这世界变化太快，十年便是一番沧海桑田。

1956年，日本政府在《经济白皮书》里大声地宣布，"已经不是战后了"。又过了10年，日本开始在经济大国的道路上大步向前。特别是1965年前后，日本发生了很多振奋人心的事件，比如举办了东京奥运会、开通了新干线，国民的生活水平也有了显著提高，开始追求起有车、有彩电、有空调的品质生活，社会面貌焕然一新。

当时代的车轮驶入20世纪90年代，日本经历了"失去的20年"，整个国家都陷入了漫长的经济停滞状态。

1989年，柏林墙被推翻，随后苏联解体，冷战宣告结束，全球化的时代到来了。伴随着IT产业的进步，地球也在越变越小。

正当全世界都开始产生联动反应的时候，日本却仿佛失去了发展目标。这是日本近现代史上的一个特殊时期，一个自明治时代以来值得大书特书的时期。日本社会到处充斥着消极的符号：高龄化、少子化、人口减少、通货紧缩、贫富差距……就连肩负着日本未来的年轻人看上去都没有了朝气，似乎对未来不抱希望。

泡沫经济的崩溃大约是在1991年，然而直到1998年金融机构的问题才得到了重视，那么在这7年间，日本到底忙什么去了？恐怕是忙着逃避泡沫经济崩溃的事实吧！由于对策跟不上，日本在收拾泡沫经济崩溃残局的过程中，整个国家都失去了活力，整整20年间经济发展严重滞后。与此同时，新兴国家的经济却持续发展，G20在国际舞台上的存在感越来越强，不容忽视。

最近几年间，日本又发生了很多出乎意料的事件，无疑会令陷入低迷的经济雪上加霜，比如民主党政权的混乱和"3·11"东日本大地震等，能给国民生活带来好处的事件实在是不多。

安倍政权的诞生，让人们看到了一点打破困境的征兆，日本已经很多年没有如此有力的政权了。安倍首相自上台以来，不断推出积极的政策，为日本创造扭转局面的契机，或许眼下，正是日本挽回"失去的20年"的损失，让社会重新恢复活力的契机。我期待安倍政权能够准确地射出"第三支箭"，让国民切身感受到成效，同时也期待能够拿出大智慧与周边国家重新构筑面向未来的双边或多边关系。

日本应该有很多人早已厌烦了日本这些年来的低迷、停滞，却不知道该如何调整心态，不知道在这样一种情况下如何积极向上的生活与工作。我认为，无论是个人还是社会，都应该朝气蓬勃、积极向上，要敢于开拓进取要敢于畅想未来。一个有活力的日本社会带动日本国家的再次崛起，一定是有利于世界发展的。

通过撰写本书，我又一次深刻地认识到，自己能够顺利地走到今天，全靠这一路上相遇、相识、相知的朋友们的大力支持。就让我把心中的千言万语汇成四个字，对书里提及的和没能提到的人说："感谢你们！"

在定稿后，还有必要重新确认、核实一下过去发生的事件的真相和来龙去脉，仅靠我一个人的力量是无法完成的，我非常感谢大家的全力协助，尤其是长期致力于本书编辑、出版工作的日本经济新闻社欧洲编辑总局编辑委员大林尚先生和文化部及电子报道部的相关工作人员，以及欧力士集团宣传部的似内隆晃先生和宫木畅子女士等。请原谅我不能把所有人的名字一一列举出来，也请允许我再一次对你们致以诚挚而深厚的谢意。

宫内义彦

宫内义彦年谱

分类 时间	年龄	个人动向	公司动向	社会动向
1935年	0岁	9月13日，生于兵库县神户市，父义作、母真沙惠。		2月，东京市中央批发市场开业。
1938年	3岁			7月，阪神大水灾。
1942年	7岁	4月，神户市成德国民学校入学。		4月，时隔5年"第21次众议院议员选举"总选举再度举行。
1943年	8岁	投靠山口县久珂郡大畠亲戚；转学到鸣门国民学校。		9月，鸟取大地震。
1944年	9岁	迁至兵库县佐用郡佐用町；转学到佐用国民学校。		6月，国民学校集体疏散启动。
1945年	10岁	与家人和邻居在家中一起收听天皇"终战诏书"。		8月15日，第二次世界大战结束。

续表

分类 时间	年龄	个人动向	公司动向	社会动向
1947年	12岁			5月，颁布施行《日本国宪法》。
1948年	13岁	重返神户。 4月，进入关西学院大学附属中学初中部（加入合唱俱乐部并坚持至大学）。		8月，正式实施职业棒球夜场比赛。
1951年	16岁	4月，进入关西学院高中部。		
1954年	19岁	4月，进入关西学院大学商学部。		
1955年	20岁	11月，荣获全日本合唱会演大学组团体冠军。		
1956年	21岁	因患肺结核疗养		9月，日苏恢复邦交。
1957年	22岁			8月，日本首座核电站东海村核电炉建成。

续表

时间 \ 分类	年龄	个人动向	公司动向	社会动向
1958年	23岁	3月，关西学院大学毕业。 7月，远赴美国西雅图。 9月，开始在华盛顿大学的留学生活。		
1959年	24岁	参加华盛顿乔治敦大学暑期班。		4月，日本皇太子与正田美智子成婚。
1960年	25岁	8月，获得华盛顿大学经营学部研究生院MBA学位，踏上回国旅程。 8月，进入日绵实业集团（现双日）工作。		12月，第二次池田内阁组建，确定"国民收入倍增计划"。
1962年	27岁	3月5日，与中川伸子结婚。		
1963年	28岁	12月，赴美国旧金山U.S.租赁公司学习租赁知识。		2月，日本加入"关贸总协定"。

续表

分类 时间	年龄	个人动向	公司动向	社会动向
1964年	29岁	4月,借调到Orient Leasing Co., Ltd.(现欧力士)。	4月,Orient Leasing Co., Ltd.正式成立。 7月,签署第一份租赁业务合同。 8月,开设东京分公司。	10月,东海道新干线建成通车。 10月,第18届夏季奥运会在东京召开。
1965年	30岁	1月,转入东京分公司工作。	4月,第一次录用应届毕业生。	日本银行决定分三次下调借贷利率,实施宽松金融政策,以克服当年的"证券危机"。
1966年	31岁	6月,调回大阪总公司工作。		3月,日本总人口数突破1亿。
1967年	32岁	6月,就任总务部企划科科长兼营业部开发科科长。 12月,就任社长室室长。	11月,取得U.S.租赁公司20%股权。 开始录取有工作经验的员工。 实施租赁债权抵押借款。	6月,日本决定实施资本交易自由化。

宫内义彦年谱 | 241

续表

时间 \ 分类	年龄	个人动向	公司动向	社会动向
1969年	34岁	2月，借调结束，正式成为OLC员工。		1月，租赁业务座谈会成立。 5月，东名高速公路全线通车。
1970年	35岁	3月，就任董事。 6月，出版《租赁的知识》一书。	4月，在大阪证券交易所市场第2部上市。	2月，首颗国产人造卫星"大隅1号"发射成功。 3月，大阪世博会举办。
1971年	36岁		4月，在东京证券交易所市场第2部上市。 5月，签下首笔大型船舶租赁合同。 9月，在香港设立首家境外分公司。	10月，社团法人租赁事业协会成立（2013年4月改为公益社团法人）。
1972年	37岁	12月，跟随总公司迁至东京工作。	9月，在新加坡设立分公司。 12月，总公司由大阪迁至东京。开展分期付款销售业务。	2月，第11届冬奥会在札幌召开。 9月，中日邦交正常化。

续表

分类 时间	年龄	个人动向	公司动向	社会动向
1973年	38岁	11月，就任常务董事。	2月，转入东京及大阪证券交易所第1部。 6月，成立汽车租赁公司（现欧力士汽车）。 9月，马来西亚分公司成立。 11月，巴西分公司成立。 12月，作为日企首次发行亚洲美元债券。 面向企业的融资业务开始。	2月，实施美元日元变动汇率。
1974年	39岁		6月，在国内发行首批公司债券1.2亿日元（附带抵押条件）。 8月，在美国纽约设立办事处。 10月，在英国伦敦设立办事处。	9月，核动力船陆奥号发生核泄漏。

宫内义彦年谱 | 243

续表

分类 时间	年龄	个人动向	公司动向	社会动向
1975年	40岁		2月，韩国分公司成立。 4月，印度尼西亚分公司成立。	3月，山阳新干线冈山—博多区间线路通车（至此东京—博多全线开通）。 11月，第一届发达国家首脑峰会在法国召开。
1976年	41岁	5月，就任专务董事。	9月，成立电子测量仪器租赁公司（现欧力士科技租赁）。	7月，洛克希德事件被揭发。
1977年	42岁	11月，就任代表董事专务。	6月，在菲律宾设立分公司。获得U.S.租赁公司约4%的股份。	8月，北海道有珠火山喷发。 10月，日本政府实施紧急进口政策，以减少贸易黑字。
1978年	43岁	7月，就任U.S.租赁公司的外部董事。	6月，成立泰国分公司。 7月，获得U.S.租赁公司10%的股份，成为第一大股东。 9月，开展飞机租赁业务。	5月，新东京国际机场（成田）正式投入使用。

续表

分类 时间	年龄	个人动向	公司动向	社会动向
1979年	44岁	12月，就任代表董事副社长。	6月，成立家庭信贷股份有限公司（现欧力士信贷）。首次在营业岗位录用女性应届毕业生。	6月，第五届世界发达国家首脑峰会在东京举办。
1980年	45岁	12月，就任代表董事兼集团CEO。	3月，开始住宅贷款业务。3月，斯里兰卡分公司成立。	12月，实施《外汇法》修正。
1981年	46岁	夏，因患急性肝炎住进圣路加医院。	4月，成立中国分公司。	
1982年	47岁		4月，实施男女综合职务应届本科毕业生招聘，引入工种转换制度。	6月，东北新干线（大宫—盛冈）开通。11月，上越新干线（大宫—新潟）开通。
1983年	48岁	1月，就任经团联评议员。	7月，开展抵押证券业务。10月，成立创投公司（现欧力士资本）。	5月，发生日本海中部地震（7.7级）。6月，众议院选举引入比例代表制。船舶业低迷。

宫内义彦年谱 | 245

续表

分类 时间	年龄	个人动向	公司动向	社会动向
1985年	50岁	6月，加入经济同友会。		4月，民营化政策下，日本电信电话公司（NTT）和日本烟草产业公司（JT）成立。 10月，关越高速道路全线通车。
1986年	51岁		3月，开始地产开发、房屋出租业务。 7月，巴基斯坦分公司成立。 7月，澳大利亚分公司成立。 12月，开始地产运营业务。	4月，日本实施《男女就业机会平等法》。 5月，第十二届发达国家首脑峰会在东京召开。
1987年	52岁		11月，向福特集团信用公司出售U.S.租赁所有股份。	10月，"黑色星期一"导致东京股市暴跌。

续表

分类 时间	年龄	个人动向	公司动向	社会动向
1988年	53岁	4月，就任经济同友会干事。 5月，就任经团联理事。	5月，设立爱尔兰分公司。 6月，宣布导入企业形象规范体系。 10月，收购阪急勇士队。 12月，设立新西兰分公司。	2月，青函隧道通车。
1989年	54岁		4月，公司名称正式改为欧力士（ORIX）。 9月，在日本首发商品基金。	4月，实施3%消费税。
1990年	55岁	4月，就任经济同友会咨询委员会副委员长。 7月，获马来西亚"拿督"称号。	11月，旗下棒球队更名为"欧力士蓝浪队"。	12月，日本人首次实现宇宙飞行。股价骤降，迎来泡沫股市终结，经济增长持续。

宫内义彦年谱 | 247

续表

分类 时间	年龄	个人动向	公司动向	社会动向
1991年	56岁	2月，就任海部政权第三次行政改革审议·富裕生活分会专门委员。	2月，入股中国台湾的金融公司。 4月，成立人寿保险公司（现欧力士生命保险）。	6月，普贤岳山发生大规模火山碎屑流灾害。
1992年	57岁		1月，开展依托租赁债权流动化的融资业务。	7月，山形新干线开通。
1993年	58岁	4月，就任经济同友会现代日本社会思考委员会委员长。	3月，出资印度的金融公司。 7月，租赁业界内首发无抵押短期债。	7月，第十九届发达国家首脑峰会在东京召开。 7月，北海道西南部发生7.8级地震。
1994年	59岁	4月，获"蓝绶奖章"。 4月，就任经济同友会副代表干事。	2月，设置营业促进职位（中老年人才）的录用。 8月，设立阿曼分公司。	6月，松本沙林毒气事件发生。 9月，关西国际机场投入使用。

248

续表

分类 时间	年龄	个人动向	公司动向	社会动向
1995年	60岁		9月，欧力士蓝浪棒球队首夺联赛冠军。 10月，根据特定债权法首发其他公司的债权流动化商品。 10月，出资波兰的租赁公司。	1月，阪神·淡路大地震发生。 3月，地铁沙林毒气事件发生。
1996年	61岁	4月，就任桥本政权行政改革委员放宽限制小委员会主席。	3月，欧力士发行首批面向个人的公司债券（发行额2000亿日元，期限4年）。 10月，欧力士蓝浪棒球队蝉联联赛冠军，并在日本大联赛中击败巨人队夺得总冠军。	1月，日本宇航员若田公一等6人乘坐的"奋进号"航天飞船发射升空。

宫内义彦年谱 | 249

续表

时间 分类	年龄	个人动向	公司动向	社会动向
1997年	62岁		6月，首次承接租赁债权。 6月，设立咨询委员会。 6月，在埃及设立分公司。	4月，消费税增税至5%。 10月，长野新干线通车。 11月，北海道拓殖银行、山一证券破产。
1998年	63岁	2月，就任桥本政权行政改革推进本部放宽限制委员会委员长。 5月，就任经团联常任理事。	4月，设立欧力士环境公司。 4月，收购山一信托银行（现欧力士银行）。 4月，日本首发定向型无抵押短期债。 6月，引入执行董事制度。 9月，在纽约证券交易所上市。 10月，做出巨大贡献的公司创始人乾恒雄名誉董事长去世。	2月，第18届冬奥会在长野举办。 4月，日本版金融体制大改革启动。

续表

分类 时间	年龄	个人动向	公司动向	社会动向
1999年	64岁	4月，就任小渊政权规制改革委员会委员长。	2月，实施以证券化为前提的无追索权贷款业务。 3月，成立地产公司（现欧力士不动产）。 4月，设立欧力士债权回收公司。 6月，选任外部董事，设立人事指定·报酬委员会。	2月，日本银行实施零利率政策。 12月，颁布实施《民事再生法》。
2000年	65岁	4月，就任欧力士集团董事长、集团CEO。	4月，藤木保彦就任代表董事、社长、集团COO。	7月，日本金融厅组建。 11月，棒球选手铃木一朗签约加盟美职业棒球大联盟西雅图水手队，作为守场员成为首位登陆该联盟的日本选手。

宫内义彦年谱 | 251

续表

时间 \ 分类	年龄	个人动向	公司动向	社会动向
2001年	66岁	5月,就任小泉政权综合规制改革会议议长。 6月,出版《经营论》。 12月,就任日本董事协会会长。	1月,沙特阿拉伯分公司成立。	1月,日本中央机构1府12省厅组建。
2002年	67岁	2月,就任外务省"改革会"主席。 5月,就任"神户大使"(神户·东京商界人士恳谈会)。	3月,阿联酋分公司成立。 6月,欧力士地产投资法人上市。 12月,获一般金融部门的"波特奖"。	4月,公立小学、初中、高中5日学制实施。
2003年	68岁	6月,就任董事兼代表执行董事长、集团CEO。	3月,发行国内首批电子债。 6月,伴随《商法》修订,改组为委员会等设置型企业。	4月,日本邮政公社成立。

续表

分类 时间	年龄	个人动向	公司动向	社会动向
2004 年	69 岁	4月，就任小泉政权规制改革·民营开放推进会议议长。 4月，就任经济同友会干事。 5月，就任经团联评议委员副议长。	2月，发行国内首批公开募集定向型无担保短期债。	3月，九州新干线通车。
2005 年	70 岁	6月，获年度日本最佳 CEO 奖。	6月，入股哈萨克斯坦的租赁公司。	2月，中部新国际机场投入使用。 4月，《个人信息保护法》颁布实施。 4月，存款偿付制度全面解禁。
2006 年	71 岁	4月，就任财团法人新日本交响乐团理事长。	1月，收购了美国的投资银行华利安诺基。	3月，日本在第一届世界棒球经典赛中夺冠。 12月，《贷款行业法》成立。
2007 年	72 岁	12月，出版《经营论（修订版）》。	9月，设立欧力士不动产投资顾问股份有限公司。	6月，社会保险厅改革关联法、养老金时效特例法生效。 10月，邮政民营化启动。

宫内义彦年谱 | 253

续表

时间 \ 分类	年龄	个人动向	公司动向	社会动向
2008年	73岁	4月，就任经济同友会终身干事。	1月，梁濑行雄就任集团代表执行董事社长、集团COO。	4月，后期高龄者医疗制度实施。7月，八国集团峰会在北海道洞爷湖召开。
2009年	74岁			8月，日本第45届众议院大选举行，民主党大获全胜，实现政权更迭。
2010年	75岁	4月，就任一般财团法人欧力士财团（现公益财团法人欧力士宫内财团）代表理事。	4月，设立一般财团法人欧力士财团（现公益财团法人欧力士宫内财团）。	9月，日本首次实施存款偿付制度。
2011年	76岁		1月，井上亮就任集团代表执行董事社长、集团COO。	3月11日，发生东日本大地震。
2012年	77岁	7月，出版《世界潮流涌动》。10月，开始在电子版《日本经济新闻》发表"经营者博客"连载。		5月，泊核电站停运受检，日本全国核电站停运。5月，世界最高的自立式电波塔"东京晴空塔"开业。

续表

时间 \ 分类	年龄	个人动向	公司动向	社会动向
2013年	78岁	9月，在《日本经济新闻》连载刊登《我的履历书》。	6月，出资巴林的保险公司。 7月，收购荷兰资本运营公司荷宝。 10月，投资蒙古国的金融公司。	9月，东京申办2020年夏季奥运会/残奥会成功。
2014年	79岁	6月，就任集团资深董事长。	6月，井上亮就任代表执行董事社长、集团CEO。	4月，消费税增至8%。

宫内义彦年谱 | 255

图书在版编目（CIP）数据

宫内义彦自传 /（日）宫内义彦 著；蒋丰 译. —北京：东方出版社，2024.10
ISBN 978-7-5207-3791-3

Ⅰ. ①宫⋯ Ⅱ. ①宫⋯ ②蒋⋯ Ⅲ. ①宫内义彦—自传 Ⅳ. ①K833.135.38

中国国家版本馆 CIP 数据核字（2024）第 013187 号

"ASHITA" WO OU WATAKUSHI NO RIREKISYO written by Yoshihiko Miyauchi.
Copyright © 2014 by Yoshihiko Miyauchi. All rights reserved.
Originally published in Japan by Nikkei Publishing Inc.
(renamed Nikkei Business Publications, Inc. from April 1, 2020)
Simplified Chinese translation rights arranged with Nikkei Business Publications, Inc.
through Hanhe International (HK) Co., Ltd.

本书中文简体字版权由汉和国际（香港）有限公司代理
中文简体字版专有权属东方出版社
著作权合同登记号　图字：01-2015-4190 号

宫内义彦自传

（GONGNEI YIYAN ZIZHUAN）

作　　者	[日] 宫内义彦
译　　者	蒋　丰
责任编辑	钱慧春
出　　版	东方出版社
发　　行	人民东方出版传媒有限公司
地　　址	北京市东城区朝阳门内大街 166 号
邮　　编	100010
印　　刷	北京联兴盛业印刷股份有限公司
版　　次	2024 年 10 月第 1 版
印　　次	2024 年 10 月第 1 次印刷
开　　本	787 毫米×1092 毫米　1/32
印　　张	8.5
字　　数	150 千字
书　　号	ISBN 978-7-5207-3791-3
定　　价	68.00 元
发行电话	(010) 85924663　85924644　85924641

版权所有，违者必究
如有印装质量问题，我社负责调换，请拨打电话：(010) 85924602　85924603

"我的履历书"系列

《松下幸之助自传》
"日本经营之神"松下幸之助亲笔撰写,完整讲述其成长经历、创业和守业历程。本书鲜活呈现松下幸之助不同时期的生命状态,从日常点滴中探究一位伟大企业家的经营和人生智慧。

《本田宗一郎自传》
"日本经营之神"亲笔撰写唯一传记,讲述了其"化梦想为创造力",勇于抓住时代先机,追求独创的精彩人生经历。品读本田宗一郎从手艺人成长为技术专家,再到经营者的传奇故事,获得理性思考,感性处理问题的人生智慧。

《小仓昌男自传》
他是"宅急便"创始人,他改变了日本人的生活方式,同时也将大和运输培育成了顶尖企业。在书中,他记录了自己进入大和运输公司,成为经营者,带领企业拓展事业,经营企业的全过程和经营企业的心得与经验。本书既是作者自己成长为经营者的历程的记录,更是一本经过实践检验的经营经验的总结。

《大桥洋治自传》
全日空社长亲笔撰写,讲述忠于一业,坚守梦想,从普通职员成长为世界500强企业社长的心路历程,阐释职场奋斗者该有的思维方式和活法,以获得幸福人生。

《樋口武男自传》
本书由樋口武男亲笔撰写而成。本书记录了他的成长经历、进入职场的发展以及带领企业发展的历程,呈现了在经营企业的过程中,自己独特的经营理论与经验。全书洋溢着他对"职场伯乐"的感激之情和不负嘱托勇敢追梦的职场温情,阐释了职场奋斗者该有的姿态。

《土光敏夫评传》
本书是依据土光敏夫的"我的履历书"写成的传记,记录了土光敏夫的成长历程,主持重建石川岛重工、东芝和参与日本行政改革的历程,也记述了其修行僧式的日常生活。本书全景展示了一位经营者领袖的工作、生活、思想等,作者系统分析了土光敏夫的战略经营能力、经营中坚守的伦理观以及在工作现场的领导力。这些对如何成为一名优秀的经营者有着重要的启示。

《泽部肇自传》
本书是泽部肇亲笔撰写,记录了他从普通职员成长为经营者,带领公司发展的55年的历程。作者重点记录他阴差阳错入职,之后进入公司经营中枢跟随两位社长学习和工作的逸事和历练过程。读者能够从中感受到个人与公司风雨同舟、共同成长的美好。

《稻盛和夫自传》
稻盛和夫亲笔撰写的唯一传记。由曹寓刚和曹岫云共同全新翻译。全书以稻盛和夫的人生经历完整再现稻盛哲学,思维方式决定人生,京瓷阿米巴的生成路径。

(精装)　　(平装)　　(口袋版)